はじめに

本書は、仙台藩士山岸の『山岸氏御用留』（以下『御用留』という）を現代語訳し、それに解説を加えたものである。

山岸は、知行高六一七石の無役の給人《きゅうにん》（知行を与えられた武士）である。給所（知行のある所）は桃生《ものう》郡深谷前谷地《ふかやまえやち》村（現・宮城県石巻市前谷地）、同郡鹿又《かのまた》村（現・石巻市鹿又）、栗原郡堀口村（現・宮城県栗原市志波姫堀口）、牡鹿《おしか》郡真野《まの》村（現・石巻市真野）、同郡高屋敷《たかやしき》村（現・石巻市蛇田）の五ヶ村に与えられた。山岸の家臣団は一二人（家中三人、足軽九人）。全員が在郷屋敷のある前谷地村居住であった。家臣団の人数は幕末まで二〇〇年余の間ほとんど変化しなかった。

『御用留』を記録したのは、家中筆頭の御用前たちである。現存する『御用留』は寛政一二年（一八〇〇）から文久元年（一八六一）まで六二年分である。その間、八人の御用前が書き継いでいる。

御用留とは「御用を書き留めたもの」、すなわち「公務の記録」というほどの意味である。内容的には、家中・足軽の人事に関する記録と給所支配に関する記録に分けることができる。前者では、家柄を重視する人事から実務能力重視の人事へと移行していく様子が読み取れる。後者では、山岸が一八三〇年代の天保の大飢饉以降農村の復興を支援すべく農民とどのように向き合ったかがわかる。なかでも「地肝入」（給所の管理を委託された百姓身分の者）と御用前との往復文書が注目に値する。地肝入が村肝入と類似の権限をもつ存在であったこと、給人の金融に深く関わったこと、年貢徴収のほか、入会山の管理も行っていたことなど、これまであまり知られることのなかった地肝入の役割が見えてくる。

山岸の家中・足軽は御用前を含めて全員基本的には農民である。こう断言すると、「陪臣も武士である」との反論があることは承知している。たしかに藩士山岸の家中・足軽は伊達氏の陪臣として武士身分を公認され、苗字帯刀など武士の特権を誇りに生きていた。行政的にも一般農民とは別扱いであり、山岸の管理する人別帳に登録され、事件を起こしたときにも刑罰の法的な建て付けが異なった。したがって、家中・足軽が法制的に武士身分であることを否定するつもりはない。

しかし、彼らの生活実態は農民とほとんど変わりがなかった。彼らは自分の家屋敷と田畑を所持し、田畑を自ら耕作し、山岸に年貢を納めていた。山岸から与えられる役料はごくわずかであり、生活の基盤は農業であった。親戚には百姓身分の者が多く、陪臣と百姓身分の者との結婚や養子縁組が日常的に行われた。仙台藩は陪臣と百姓身分の者の縁組について何ら規制をしなかった。

家中・足軽は農民としての側面と武士としての側面を併せ持つ存在であったが、研究者の多くは彼らを基本的に武士と捉えて資料を解釈してきた。『御用留』にも「御家老」「御用前」などの役職名とともに「知行」「改易」「加増」などの武家用語が頻出するので、いきおい彼らを「武士」と捉えて解釈してしまいがちになる。ところが、「加増」されたのに「所付け」がない、「改易」になった人物が一年も経たないうちに復活する、「知行」にも年貢が賦課されるなど、封建制の常識では説明がつかない記録が多い。つまり、『御用留』を記録した御用前は強烈な武士意識から敢えて「知行」「改易」「加増」などの用語を使用したのである。武家用語を使用したからといって、彼らが武士としての実態を備えていたとはいえない。資料に即して家中・足軽の実態を観察すれば、彼らは農民と同一地平にあると言わざるを得ない。彼らをあたまから武士と捉えて資料解釈することは、歴史の真実を見誤ることにつながる。

仙台藩には一万人の藩士（直臣）と二万四〇〇〇人の家中・足軽（陪臣）が存在した。したがって仙台藩の武士身分の七割を占める家中・足軽の実態がどのようなものであったか、資料に基づいて明らかにすることは歴史研究として重要であると考える。とりわけ幕末の封建秩序の崩壊過程を、家中・足軽と御百姓の関係に焦点を当てて検討することによって、社会の最底辺から身分秩序が崩壊していく事実を明らかにしたい。

『御用留』は、仙台藩北部一帯で起きた寛政の大一揆（一七九七年）の直後に書き始められた。

仙台藩は米を藩の専売品に指定し、年貢納入後農民の手もとに残った徳作米（余剰米）も藩が安値で強制的に買い付けて江戸で高く売り払い、財政赤字を補填した（買米制）。仙台藩北部一帯が買米制の対象地域とされたため、同地域の疲弊が甚だしく、農民の不満が爆発したのが、寛政の大一揆であった。

ちょうどその頃、山岸家当主・孫一も農民からの借金が膨らんで、財政運営の「改革」を迫られていた。藩では一揆勢の要求を受け入れて郡村役人を一斉に更迭して、農政改革を村々に約束した。山岸孫一も藩の改革に影響されたのであろうか、その翌年「家柄の者」を御用前に任用する従来の人事を転換して、足軽出身の、算筆に秀でた鈴木可能を御用前に抜擢した。『御用留』は、この人事改革（人事騒動）を契機に書き始められた。

本書の舞台となる前谷地村は元和二年（一六一六）から始まる大規模新田開発によって誕生した。山岸は一六五〇年頃に前谷地村に入植し、寛文七年（一六六七）検地を受けて二九五石余の知行を給付された。検地では実際に土地を耕作して年貢負担する者を登録したので、一人（一農家）当たりの耕作面積が平均化された。したがって、検地帳に基づいて機械的に年貢徴収しても不都合がなかった。

ところが、一七世紀後半から全国的に農民層が、富を蓄積する富裕層と困窮化する貧困層とに分解し始める。仙台藩でも一八世紀に入ると農民層が階層分化して、検地帳に基づいた機械的な年貢賦課が実情に合わなくなる。年貢を賦課するにあたって農民一人ひとりの実情を考慮しないわけにはいかなくなったのである。そこで給人は、農民の中から地肝入を選任して、地肝入を通じて給所の管理を行うようになった。

仙台藩では、寛政の大一揆を契機にして「寛政の転法」と呼ばれる農政改革が実施されたが、農民層の分解を押しとどめることはできなかった。とりわけ天保の大飢饉（一八三三〜三七年）は土地保有関係を根底から崩壊させた。大飢饉で打撃を受けた貧困層は借金が膨らみ、土地を手放して借金を清算する以外に方法がなくなったのだ。藩も荒廃した農村を立て直すためには農家の借財整理が必要であると判断して、従来の土地保有に関する規制（農家一軒当たり所持高五貫文以内とする制限）を取り払ったので、一部の富裕層にますます土地が集中する結果となった。

年貢の徴収がままならず窮乏化した給人の金主（貸し手）は、裕福な農民であった。山岸は、給所の前谷地村、堀口村、真野村、高屋敷村の農民から年貢を担保にして金を借りた。給人と富裕層の農民との力関係が逆転するようになると、武士の権威・権力が形骸化する。それに伴い家中・足軽の序列も変化する。幕末には家中・足軽・本百姓・水呑《みずのみ》という「身分」さえも曖昧になる。

その結果、山岸家中の人事も家柄重視の考え方が影を潜め、実務能力に優れたものが役職を独占するようになる。

仙台藩は明治を迎えるまで藩の行政機構が正常に維持され、治安は安定していた。南部藩（盛岡藩）のように農民一揆が頻発することはなかった。そのため政治の表面だけを見ていると、仙台藩内、とりわけ村社会においては戊辰戦争に敗れるまで旧態依然としていて、明治になって突然改革が始まったように見えてしまう。実際、『宮城縣史2』（宮城縣史刊行會）や『宮城県の歴史』（山川出版社）などでは、幕末史を藩財政窮乏問題と尊王攘夷派と佐幕派の対立を軸に記述しているので、社会の底辺で人々の意識や人間関係がどのように変化したか、理解することができない。

本書では『御用留』を中心に資料を丹念に読み解きながら、土地の保有関係や身分意識がどのように変化していくかを、見ていく。

本書の構成について触れておく。本書は『御用留』を中心資料としているが、『御用留』に登場する人物は多岐にわたるので、年代順に記録を並べたのでは大変わかりにくいものになってしまう。そこで左のように再構成した。

序章で前谷地村の誕生と仙台藩の地方知行《じかたちぎょう》制について見ておく。前谷地村の誕生では前谷地村の地理的条件と山岸家臣団について触れる。地方知行制では仙台藩の給所支配の仕組みについて解説する。

第一章から第三章は、御用前を長く務めた鈴木家、西山家、斎藤家の親子三代記ないし四代記として構成した。

第一章「鈴木家の幕末」は足軽から御用前に抜擢された鈴木家親子四代の物語である。鈴木可能は有能であるが故に身分制の壁を打ち破ろうともがき苦しむ。その子、貢は天保の大飢饉に立ち向かう。

第二章「西山家の幕末」は代々御用前を務める「家柄の者」親子三代の物語である。能力主義の社会へと世の中が変わる中で、「誇るべき家」が解体に瀕する一家の物語である。

第三章「斎藤家の幕末」は御徒組《おかちぐみ》から御用前に昇進し、近代的な行政マンに成長する親子三代を取り上げる。三代目斎藤友右衛門は山岸家最後の御用前として明治を迎え、版籍奉還の実務にあたった。

第四章「前谷地村の事件簿」は、前章までの話からこぼれ落ちた出来事の中から、時代の変化を感じさせるエピソードを拾い集めた章である。

終章「前谷地村の明治維新」では、山岸家中が版籍奉還と地租改正にどのように対応したか、また、山岸の金主、斎藤家が明治期に全国第二位の巨大地主に成長した経緯を取り上げる。

文字は原則として新仮名、新漢字を用いた。原文の解読不能な文字は□（空欄）にした。解読に自信のない文字には右脇にカ（例：権《カ》）をつけた。資料は現代語訳して掲載した。その際、原文の文体や趣を損なわないよう配慮した。なお、出典はその箇所ごとに明記したが、『山岸氏御用留』は頻出するので、引用表記を省略した。

もくじ

第一章　鈴木家の幕末――足軽から家老に出世した「家」の記録　45

第一節　鈴木可能　46

第二節　鈴木貢　66

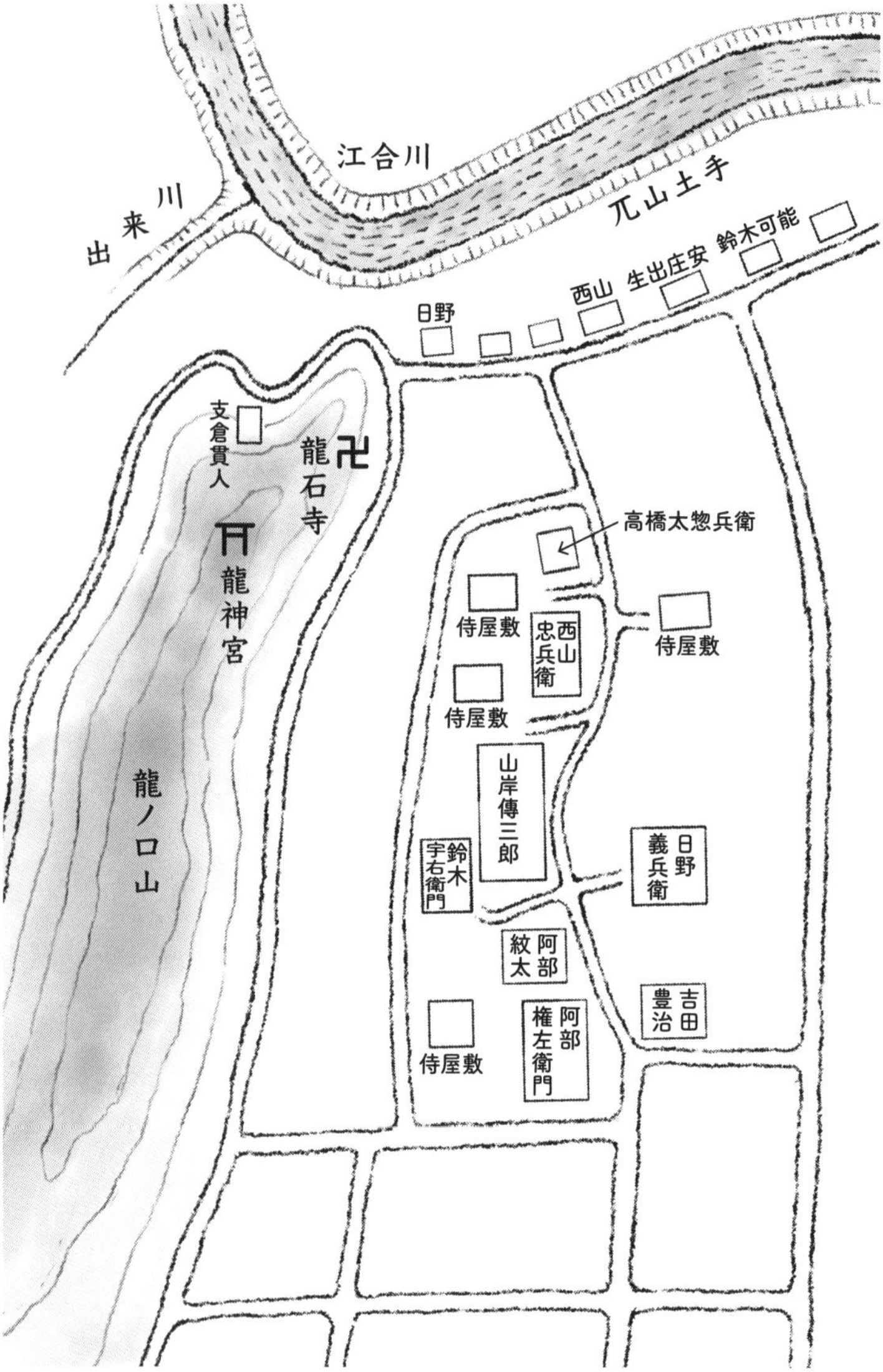

家中屋敷推定図

前谷地村『除キ屋鋪拝領軒数覚牒』（寛政２年〔1790〕）をもとに推定

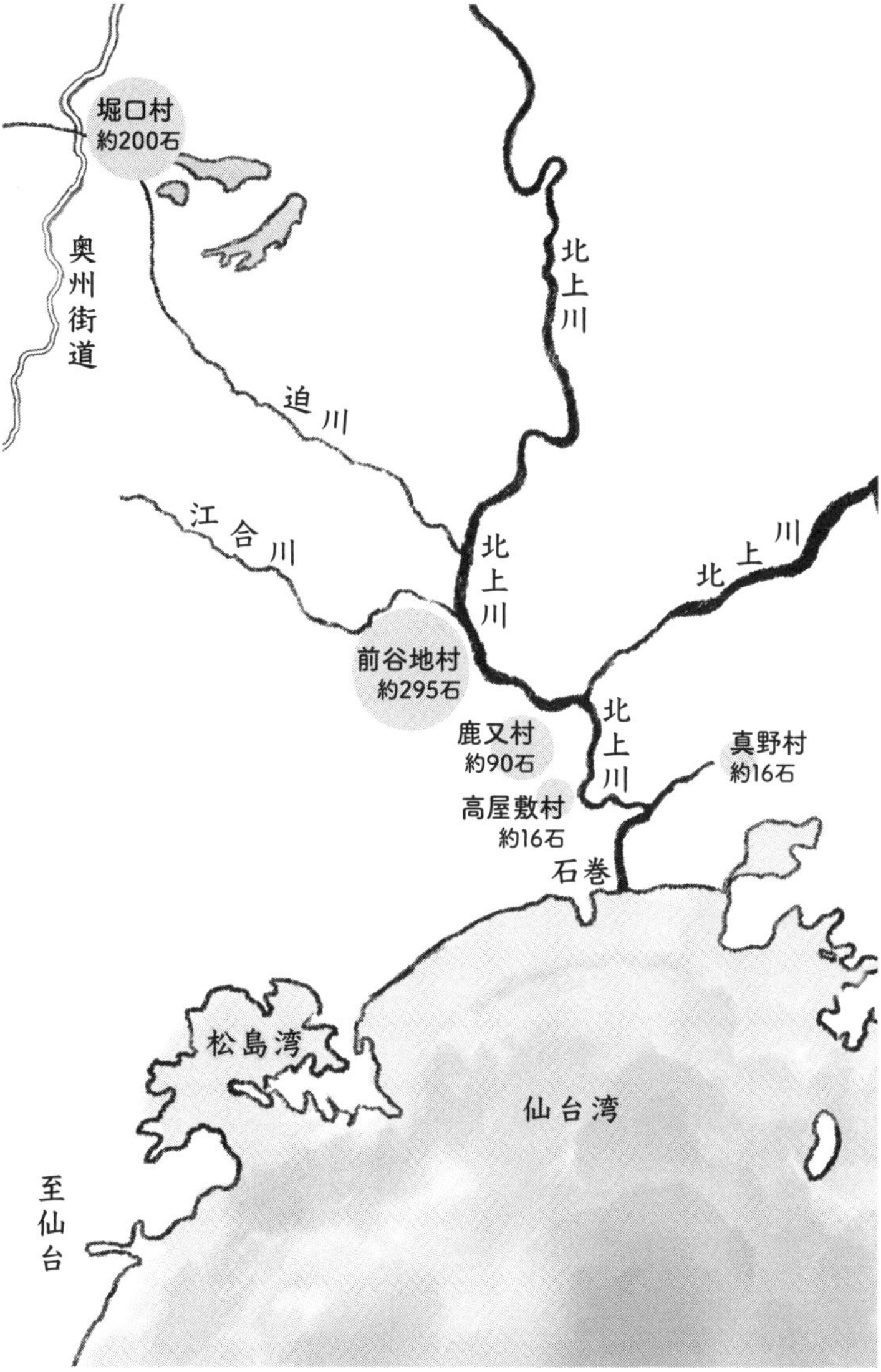

山岸給所と石高（1800年頃）

山岸家と家中序列（一八〇〇年一二月言い渡し）

山岸家　領主　傅三郎（前谷地初代）……孫一――左太郎――勝之進――傅三郎

阿部家　家並一位　紋太（大蔵）――太蔵

西山家　家並二位　多仲＝忠兵衛――清右衛門（主計）――昌右衛門――嘉馬

生出家　家並三位　庄安（医師）――勇治

日野家　家並四位　七郎右衛門――義兵衛（皆人）――運治――儀兵衛

高橋家　家並五位　太惣兵衛――忠左衛門――喜蔵――勇――忠七

吉田家　家並六位　豊治┬鎌《カ》
　　　　　　　　　　　└のへ――恒治
　　　　　　　　　　　　養子文五郎（のへ夫）

鈴木家①　家並七位　宇右衛門――利右衛門――養子五藤太（利右衛門）――隼太

斎藤家　家並八位　東馬（丹下）――喜平――友右衛門

鈴木家②　家並九位　武助――仁左衛門（鈴木可能）――貢――可膳
　　　　　　　　　　　　　　　└養子仲蔵・妻やす

支倉家　家並一〇位　貫人――富蔵……源左衛門――進＝文右衛門――顕蔵

序章

前谷地村の誕生

逆法印の碑、宗慶和尚の墓

前谷地龍ノ口は江合川の難所でたびたび土手が決壊して、新田開発が進まなかった。宗慶和尚はこの状態を見るに忍びず、村人を励まして一石に一字ずつ法華経を写し、その石で石積みの土手を築いた。彼は我が亡骸を水先の河原へ逆さまに葬るべしと遺言して亡くなった。それ以降土手が崩れることがなくなったと言い伝えられている。

第一節　前谷地村の誕生

前谷地は江合川沿いの広大な低湿地帯である。伊達政宗が入部した天正一九年（一五九一）当時、前谷地は無人の荒野だった。荒野は藩の直轄地とされ、新田開発をするためには藩の許可を必要とした。

江合川の流路変更工事

低湿地帯の開発は、野谷地の水を抜くことから始まる。そこで開発の手始めとして、前谷地に流れ込んでいる江合川の流路を変更することが必要だった。前谷地を干上がらせるのである。

江合川を龍ノ口山東でせき止め、北上川に合流させる工事が進められた（図1）。そのために龍ノ口山から和渕山まで約一キロメートルの土手（兀山土手《はげやま》）を築いた。江合川は大河で、水流も速い。台風の増水時でも崩壊しない土手を築くのは、当時の技術では至難のことであった。

新たな水源の確保

干上がった野谷地を水田に変えるには、水田より高所から農業用水を引いてこなければならない。江合川は前谷地の水田とほぼ同じ高さなので、農業用水には使えない。

龍ノ口山の西側（馬場谷地）は前谷地より標高が二メートルほど高い。しかも、そこには名鰭沼《なびれぬま》と呼ばれる巨大な沼があった。この沼の水を、龍ノ口山の下に掘り通した潜穴《せんけつ》（くぐりあな）によって前谷地に導けば、用水の問題は解決する（図2）。

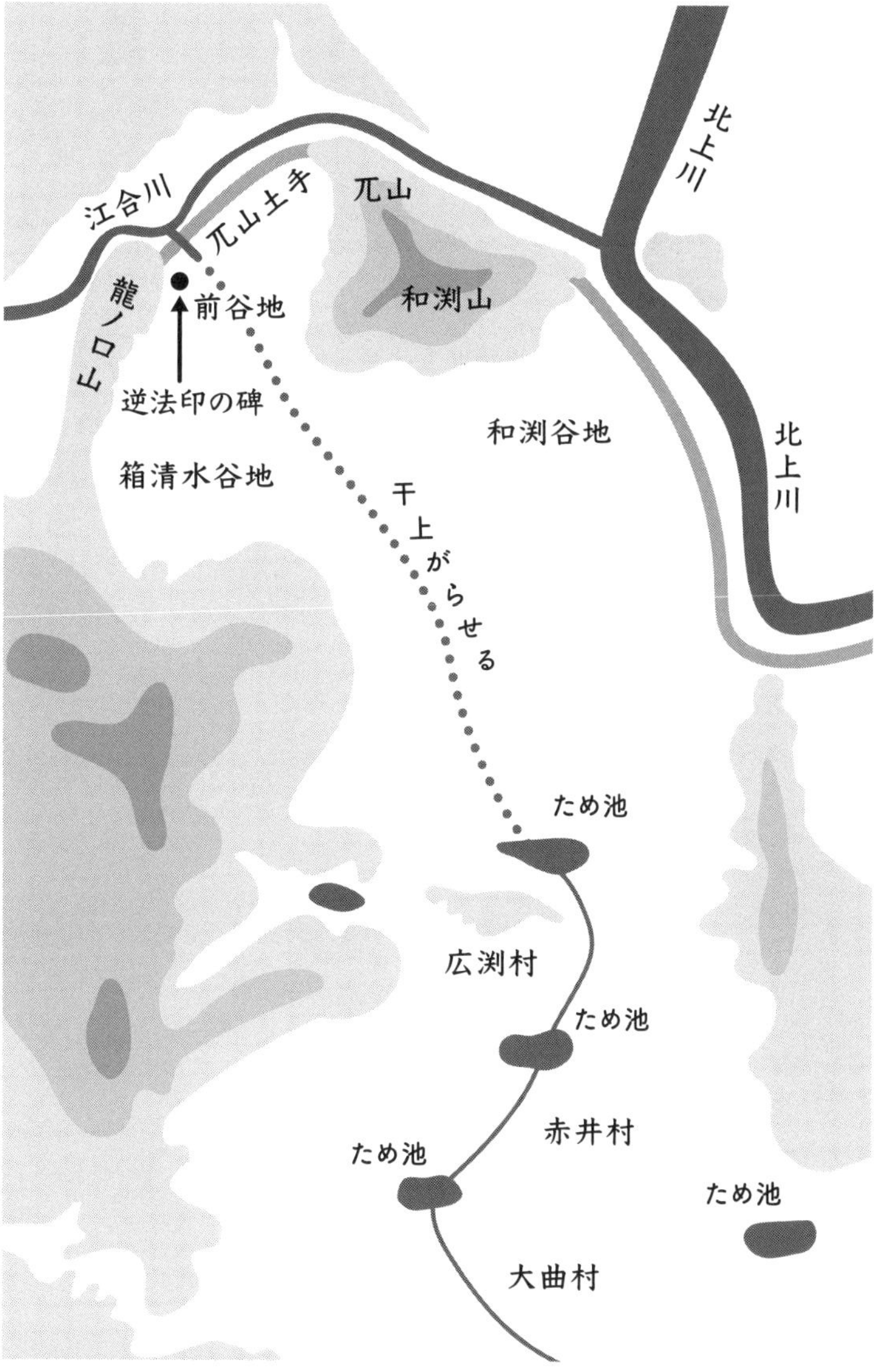

図１　江合川の流路変更工事の工程
前谷地の水を抜くため、兀山土手を築き、江合川を北上川に合流させた。農業用水は名鰭沼から潜穴を通して導いた。

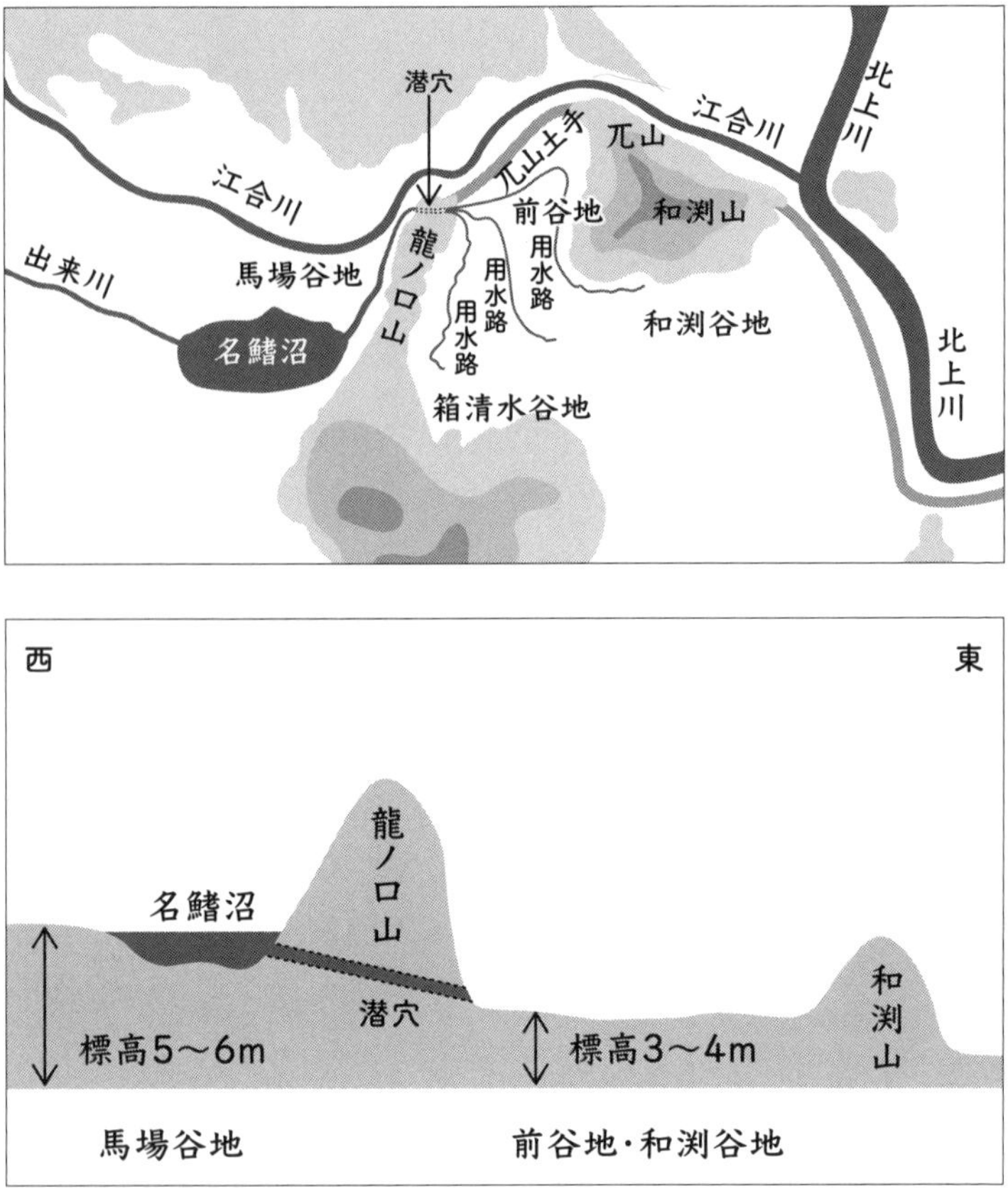

図2　前谷地への導水

名鮱沼から前谷地に用水を引くため、龍ノ口山に潜穴を掘った。

前谷地を新田開発しようとする者なら誰でも、江合川の流路変更と名鰭沼からの導水をセットで考えたはずである。それ以外の方法で前谷地を開発することは考えられない。

課題は、江合川の流路変更工事であった。

元和二年の開発許可

元和二年（一六一六）一〇月二七日、地元の武士が中心になり仙台藩から前谷地、和渕谷地、箱清水谷地の開発許可を得た。前谷地以南の桃生郡深谷地区の本格的な開発が、この年から始まった。開発に着手したとき、前谷地、和渕、箱清水は検地の前であり、村境はもちろん郡境さえ確定していなかった。

次の文書は、藩が出した開発許可書である。

大崎遠田のうち

一　まい谷地　　一　わふち谷地

ふかやのうち

一　はこ清水谷地

右三ヶ所の開発を許可する。開発期間五年間は荒野とし課税しない。荒野が明けたならば検地を申請しなさい。この書付けの通り一四人の者どもに都合二〇〇貫文の所を知行として与える。（中略）

元和二年一〇月二七日　　（政宗黒印）

二〇貫文　鹿股《かのまた》次助

一五貫文　斎藤外記
一五貫文　佐藤左近
一〇貫文　柴崎掃部左衛門
一〇貫文　石田作兵衛
一〇貫文　さや源左衛門
一〇貫文　斎藤休助
一〇貫文　同　箘左衛門
一〇貫文　菅原兵蔵
一〇貫文　輪淵《わぶち》弥左衛門
一〇貫文　寺崎清衛門
一〇貫文　男沢蔵人主
三〇貫文　馬場蔵人主
三〇貫文　長尾主殿助

『伊達家文書』

鹿股次助ら一四人は伊達政宗から前谷地、和渕谷地、箱清水谷地の新田開発の許可を得た。開発の条件は次の通りである。

①新田開発の期間は五年間。その間は課税しない。
②五年経過したならば、検地を受けること。
③検地の上、一四人にそれぞれ書付の通り、開発した新田を知行として与える。
④知行の上限は全体で二〇〇貫文（二〇〇〇石）である。

鹿股（石巻市鹿又）、輪淵（石巻市和渕）、寺崎（石巻市寺崎）らは地元の地名を苗字に名乗っていることから、土豪的な武士と思われる。

一四人のうち、最後のふたり（馬場と長尾）は、開発成就の暁に他の仲間より多い三〇貫文（三〇〇石）の知行を得る約束になっている。ふたりは他の仲間と立場が異なるのだ。

馬場蔵人主は、元和六年（一六二〇）三月四日付、江戸廻米の手形（水沢から江戸まで）を発行した役人と同姓同名である（『石母田家文書』）。年代的にもほぼ一致するので、同一人物と考えてよいだろう。彼は川筋担当役人で、河川管理に詳しいことから野谷地開発に参加したと思われる。最後に名前を連ねる長尾主殿助も藩の役人と見てよいであろう。藩の役人ふたりがこの開発に当初から加わったとすると、この新田開発が藩主導で行われた可能性が高い。

前谷地龍ノ口を起点にする新田開発は、最終的に桃生郡深谷の一〇ヶ村に一万八三〇〇石余の水田を開くことになる（『二《に》樅亭《しょうてい》見聞録』）。この巨大開発の行方が江合川流路変更工事の成否にかかっていたことから、藩では役人ふたりを参加させたものと推測される。ところが、藩の役人が参加したにもかかわらず鹿股次助らの新田開発は計画通りには進まなかった。

龍石寺宗慶の活躍

前谷地村龍石寺住職本田良隆が天保元年（一八三〇）頃、古記録や言い伝えをもとにまとめた『深谷前谷地旧記』に新田開発に関する記載がある（『河南町誌　下』）。

（前半省略）……元和年中より新田開発が始まりました。そのとき龍ノ口前から江合川を北上川へ掘り通したのですが、龍ノ口前の土手が洪水で何度も押し切れてしまい、人家が押し流され、田地は砂河原となり、新田開発が空しく年月を送っていたところ、箱清水寺第一〇世住職宗慶和尚が龍ノ口に龍石寺を開山して、龍ノ口神前に籠もり、土手永世成就の誓願御祈禱をしました。宗慶和尚は、法華経八軸を一字一石に書写なられ、土手の切れ土に相納め、供養をしたところ、その後は土手が切れなくなりました。宗慶和尚は、我が亡骸を水先の河原へ葬るべしと遺言して亡くなりました。そこで遺言通りに葬ったところ、それ以降土手はまったく切れなくなり、新田開発が進みました。（中略）寛文七年開発地に御竿入れ（検地）が行われ、その節、御百姓一七人が誕生しました。御百姓の持高以外は奉公人前（給人の家中・足軽の田畑）となりました。（後半省略）

『深谷前谷地旧記』

右の記録から、元和二年に許可を得た鹿股次助らの新田開発は、江合川流路変更工事に失敗して、計画通りに成就しなかったことがわかる。彼らは新田開発から撤退したようである。代わって開発を進めたのは、前谷地の南に位置する北村の農民たちであった。彼らは北村の大寺院・箱泉寺の協力を得て前谷地に龍石寺を開き、新田開発の拠点にした。

そもそも「前谷地」という地名は、「北村箱泉寺の前の谷地」という意味である（『風土記御用書出』安永五年〔一七七六〕）。北村は桃生郡深谷の「一番北の村」という意味で、北村の最北にある箱泉寺の前に広がる谷地が「前谷地」である。北村の人々にとって前谷地は北村の一部という認識だったと思われる。

開発にとりわけ功績があったのは、北村箱泉寺住職の宗慶である。彼は前谷地龍ノ口に龍石寺を開山する一方、開発事業そのものにも積極的に関わったようだ。宗慶は、法華経を「一字一石」に写経して、その石を洪水のたびに決壊する龍ノ口前の土手に積んだところ、石積みの土手は洪水に耐えた。『深谷前谷地旧記』は法華経の御利益を強調するが、土木工事としては土手を石積みにしたことが重要である。

彼は遺言により「水先の河原」に葬られた。その遺跡は今でも地域の人々に大切に守られている。

前谷地村の成立

『宮城縣史2』によれば、天保五年（一八三四）仙台藩が幕府に報告した「仙台領陸奥国郡村の高」に、前谷地村の拝領高二九石六斗五升、新田高三二七〇石六斗三升とある。拝領高とは寛永総検地（一六四〇～四四年）によって認定された耕作地の石高であり、新田高とはその後に開発された耕作地の石高である。すなわち、寛永総検地のとき村切り（村境の確定）が行われ、前谷地村は「大崎遠田のうち（大崎郡、遠田郡のうち）」から桃生郡深谷に編入され、その村高は二九石六斗五升と認定されたのである。寛永総検地で前谷地村の行政区画が確定したとはいっても、村高が三〇石足らずでは、家数にして三～四軒であり、龍村肝入を置くまでに至らず、北村の端郷扱いだったと考えられる。前谷地村が北村から独立するのは、龍石寺開山と同時期であったと思われる。

宗慶は、龍石寺境内の石碑「龍石寺累代住職」によれば寛文元年（一六六一）七月一四日死去している。したがって、前谷地村の成立はそれより前の一六五〇年頃と推定される。寛永総検地からおよそ一〇年後のことである。

第二節　山岸傳三郎の前谷地移封

山岸傳三郎が前谷地村に移封になったときの事情を検討する。

『伊達世臣家譜』によれば、山岸右近真長は戦国時代以来の伊達の家臣であり、江戸時代初期には牡鹿郡南境村に一五〇〇石の知行を有していたが、元禄一六年（一七〇三）に致仕（辞任）し、その子傳三郎が七〇〇石で番士に召し抱えられたとある。しかし、『桃生郡深谷前谷地村御検地帳』（寛文七年（一六六七））から山岸傳三郎が前谷地村に知行を給付されたのが、寛文七年であることは間違いないので、山岸が南境村から前谷地村に移封になった時期は一六五〇年から六〇年頃と考えねばならない。

検地の予告

万治三年（一六六〇）五月、従来、三年から五年程度だった荒野期間を七年に延長する御触れが出た。御触れは同時に八年目の寛文七年（一六六七）に検地すると予告した。

只今より已来（以来）、野谷地を拝領して開発に従事している衆は、七ヶ年荒野、八ヶ年目に御手入（検地）、九ヶ年目より御役召し上げ（年貢上納、諸役負担など）申すべき事。

万治三年五月

『伊達家文書』

桃生郡深谷の前谷地村、赤井村、矢本村、小松村、大曲村、塩入村、大窪村と牡鹿郡内の石巻村に、寛文七年閏《うるう》二月または三月付検地帳が現存する。予告の通り検地が実施されたのである。

藩では江合川流路変更工事が完了したことを確認した上で、八年目（後）であれば検地ができるとの見通しのもとに検地予告を出した。すなわち開発の期限を七年間と区切ったのである。

前谷地村検地帳

前谷地村検地帳の表紙と最後の紙面の記述から、前谷地村は寛文七年（一六六七）三月に検地を受け、同年八月に検地役人梅津文左衛門によって山岸傳三郎に二九貫五〇一文（二九五石一升）の「地形（知行）」が「割り渡し（給付）」されたことがわかる。また、この時点で前谷地村が成立していたことも確認できる。

［表紙］

寛文七年

柳澤長三郎

大友四郎助

桃生郡深谷前谷地村御検地帳　遠藤八兵衛
三月二〇日　永野三之丞
梅津文左衛門
紙数蓋共四拾八枚　及川甚之丞

〔最後〕
右田畑合わせて二五町五反一畝二三歩　此の代二九貫五〇一文
以上
右の所、地形割り渡す者也
寛文七年八月二二日　梅津文左衛門
山岸傳三郎殿

『桃生郡深谷前谷地村御検地帳』

寛文七年、前谷地村に知行を給付されたのは山岸傳三郎だけではなかった。『風土記御用書出』（安永五年〔一七七六〕）に「寛文七年御竿答（検地）つかまつり御百姓に相立ち候者、六四人」とあるが、そのうち一五人が山岸の給所百姓である。前谷地村の九割が給地なので、残り四九人の御百姓もほとんどが給所百姓と考えられるが、山岸傳三郎以外の検地帳は発見されていない。

山岸傳三郎の家中と足軽

次の表は、寛文七年の検地帳を整理したものである。山岸傳三郎が一二人の家臣（家中三人と足軽九人）を抱えていたことがわかる。この一二人の「家」が幕末まで二〇〇年間、山岸家臣団として存続した。

検地帳から次のことが読み取れる。

①山岸傳三郎は手作り地（自ら耕作する土地）をもっていない。
②給地を耕作する者は、「家中」「足軽」「百姓」の三身分に区別されている。
③家中と足軽は手作り地を有している。
④百姓は家中・足軽の名請地（検地帳に陪臣の耕作権が登録された土地）を耕作している。
⑤百姓は耕作者として検地帳に名前が登録されている。
⑥家中、足軽、百姓の一人（一家族）当たりの手作り地はおよそ一町（三〇〇〇坪）から二町三反（六九〇〇坪）、高にして一貫文から三貫文の範囲内である。
⑦百姓久太郎と百姓市兵衛の耕作面積が極端に少ない。

右、それぞれの意味するところを考える。

①からは、山岸傳三郎は百姓だけでなく家中・足軽からも年貢を徴収していたと考えられる。このことは、後の資料によっても確かめられる。
②から、兵農分離が確認できる。仙台藩では一六四〇年代の寛永総検地によって兵農分離が基本的には

表　『桃生郡深谷前谷地村御検地帳』（寛文７年〔1667〕３月）
山岸家臣団12人の所持する田畑一覧。

身分　名前		田畑の面積	田代畑代の合計
家中　甚左衛門		6町8反1畝14歩	7貫803文
内訳	甚左衛門手作り地	2町3反1畝2歩	2貫520文
	百姓　仁左衛門作	5反4畝6歩	692文
	百姓　二左衛門作	5反5畝9歩	667文
	百姓　仁蔵作	8反4畝22歩	921文
	百姓　久内作	8反7畝28歩	1貫78文
	百姓　茂傳治作	1町6反8畝7歩	1貫925文
家中　清左衛門		4町6反3畝9歩	5貫640文
内訳	清左衛門手作り地	1町6反9畝24歩	2貫183文
	百姓　六郎兵衛作	1町3反3畝4歩	1貫601文
	百姓　源蔵作	1町4畝14歩	1貫230文
	百姓　□太郎作	4反3畝10歩	576文
	百姓　久太郎作	1反2畝17歩	50文
家中　久右衛門		1町8反	2貫37文
内訳	久右衛門手作り地	6反8畝9歩	840文
	百姓　七蔵作	4反5畝18歩	554文
	百姓　市兵衛作	8畝18歩	112文
	百姓　甚之丞作	5反7畝15歩	531文
足軽　久兵衛		1町7反2畝6歩	2貫19文
内訳	久兵衛手作り地	1町2畝19歩	1貫256文
	百姓　長作作	6反9畝17歩	763文
足軽　弥傳次		1町7反10歩	1貫972文
内訳	弥傳次手作り地	9反2畝22歩	1貫56文
	百姓　才兵衛作	7反7畝18歩	916文
足軽　作右衛門		1町6反5畝5歩	1貫894文
内訳	作右衛門手作り地	8反9畝19歩	928文
	百姓　長左衛門作	7反5畝16歩	965文
足軽　佐五右衛門		1町7反5畝4歩	1貫918文
足軽　吉助		1町3反5畝12歩	1貫566文
足軽　兵蔵		1町3反3畝1歩	1貫434文
足軽　九左衛門		1町6畝6歩	1貫254文
足軽　甚九郎		9反7畝3歩	1貫173文
足軽　清八		7反2畝3歩	791文

確定したと考えられるので、家中三人と足軽九人は南境村以来の家臣と考えるのが自然である。百姓身分の者は、武士の所替えに付いて行くことはないので、前谷地村、北村などの出身者と思われる。

③からは、家中・足軽が実質的に農業従事者であることがわかる。なお、仙台藩の表百姓（本百姓）は一貫文以上の耕作地保有を基準にしている。山岸家中・足軽でこの基準を満たしていないのは家中久右衛門と足軽清八のふたりだけである。

④は、新田開発の状況を反映していると思われる。すなわち、家中や足軽は、地元の百姓の協力を得て新田を開いたと想像される。たとえば、家中甚左衛門は百姓仁左衛門、二左衛門、仁蔵、久内、茂傳治とチームを組んで新田開発にあたり、検地では一区画ごとに開発者を特定し、登録したと思われる。

⑤は④と同様、検地で実際の耕作者を特定して、その耕作権を登録したと考えられる。

⑥からは、検地によって貧富の差の小さい均質な社会が誕生したことがわかる。

⑦については、一貫文以上の土地がなければ農業経営が成り立たないことを考えると、百姓久太郎と市兵衛は、山岸以外の給人の土地、もしくは蔵入地も耕していたと考えなければならない。給所百姓がひとりの給人に丸抱えされていたとは限らないということである。

新田開発と検地

山岸傳三郎は南境村から前谷地村に移封になったとき、家中・足軽を引き連れてきた。彼らは地元の百姓らと協力して「早い者勝ち」で開発をした。このことは検地帳の田畑の所在地（小字）からも明らかである。たとえば足軽ひとりについてその田畑の所在地を調べてみると、かなり広範囲に分散している。集団で開発し、それを合理的な基準で配分したのであれば、決して起こり得ない散らばり様なのである。家中・足軽も百姓らも開発した田畑が検地によって自分の耕作地になるということで、われ先に開発したと想像される。

山岸傳三郎は藩から給付された土地を任意に家中や足軽、給所百姓に再給付したのではない。家中・足軽・百姓がそれぞれ自力で開発し、検地を受け、各自の耕作地として登録された田畑が、山岸傳三郎の知行として一括給付されたのである。

なお、仙台藩は桃生郡深谷の大規模新田開発にあたり、土地の高さを測量したり広渕沼を第二次水源として築堤したり、用水路、排水路を開削したりするなどの基盤整備事業を行ったと考えられる。

【コラム】検地

領主はいつでも検地することができたわけではありません。前谷地村はじめ桃生郡深谷二四ヶ村では、寛文七年（一六六七）三月以降明治を迎えるまで大規模な検地は行われませんでした。検地は、領主と在地の支配関係の確認作業です（『岩波講座　日本歴史〈第9巻〉中世4』）。したがって領主が交代したとか、新田開発により新たな田畑が誕生したなどの、検地を実施する正当な理由がないかぎり、検地は行われなかったのです。切添（本田隣接地の開墾）や小規模な新田開発などは未検地のままでした。

検地はどのような手順で行われたのでしょうか。公式には、左のように説明されます。

①指出徴集《さしだし》——村役人や給人などから田畑の面積や各人の持高、村絵図など、検地に必要な情報をあらかじめ提出させる。
②野立帳作成——検地役人が主導して、実地に測量し野立帳を作成。在地の人々も情報提供や権利確認のため参加する。検地役人だけでは田畑の所在すらつかみきれないのが実情である。
③目録作成——免除分（荒田・肝入給分など）を決定して、野立帳から検地帳・検地目録を作成する。
④検地帳作成——名請人ごとに名寄《なよせ》して検地帳を完成する。写しを大肝入、肝入、給人などに与える。

しかし、寛文七年の検地が右のような手順を踏んだとは考えられません。次の事情を考慮すると、一筆ごとの竿入れ（実地測量）はほとんど不可能なのです。

・桃生郡深谷矢本村に残る二冊の検地帳だけで、名請人五七名、七〇三筆。矢本村検地帳は一二冊あったことがわかっているので、矢本村だけで数千筆。深谷地区二四ヶ村では数万〜数十万筆になる。
・検地日は、寛文七年閏二月晦日、三月二〇日、二五日、晦日の四日間だった。
・検地役人は六人一組だが、同じ人物が複数の村を担当した。

・新田開発中なので、何年も前から事前に測量するのは不可能である。

・実地測量は、稲刈り以降田植え前の四ヶ月間に限定される。水を張った水田を測量するのは困難である。

寛文七年三月に検地することは、八年前に予告されていました。各村の肝入や在地の給人たちは、寛文七年春、一斉に検地帳を指し出したと思われます。そして、不審な点がなければ、検地役人は実地測量を省略したと考えられます。

指出検地だからといって、検地が不正確とは限りません。むしろ地積（土地の面積）については相当正確に登録されたはずです。自分の耕作地になることを信じて必死に新田を拓いた者が登録するとき、一坪でも多く登録するのが人情だからです。一〇〇坪の土地を五〇坪と誤魔化して登録すれば年貢負担は当面軽くなりますが、紛争が生じたときに窮地に立つことになります。

その一方、位付け（等級、上々田・上田・中田・下田・下々田の五等級）については、できるだけ低く評価してもらおうとしたはずです。毎年村役人や給人が検見（収穫高を計測）するといっても一枚一枚の田地の収穫量を把握することは不可能ですから、等級が低ければ半永久的に年貢は軽くなります。

第三節　地方知行制

仙台藩は、藩政当初から幕末まで地方知行制と呼ばれる支配方式であった。「地方」とは農村部の意味で、対語は「町方」である。「知行」とは「知り行う」ことで、「土地と人民を上位者から預けられ、支配する」の意であるが、江戸時代には将軍や大名などの領主が家臣に土地を与えることを意味した。

したがって、地方知行制とは、藩が検地帳に基づいて家臣に土地を給付し、給人が農民を直接支配してそこから年貢を徴収する方式をいう。戦国時代にはどの大名も家臣に領地を割り当てて独自に支配させたとされるが、幕藩体制が確立してくると、藩が領内の年貢徴収をすべて代官を通じて直接行い、家臣には藩庫から知行高に応じた米穀を支給する蔵米《くらまい》知行制や俸禄制に移行する藩が多かった。蔵米知行制では、知行の所付けがはっきりしていても、給人はその土地に対して何ら支配権を有せず、年貢徴収には関わらなかった。

地方知行制は、仙台藩だけでなく薩摩藩、加賀藩など外様の雄藩では幕末まで維持された。また、徳川家も旗本・御家人に対し地方知行を支給することを基本原則としていた。さらに、譜代大名を徳川家の上級家臣とみれば、彼らの所領も知行地と言える。徳川御三家（名古屋・和歌山・水戸）も譜代筆頭の井伊家も地方知行制をとっていた。

多くの藩は藩政改革を進め、地方知行制を蔵米知行制や俸禄制に切り替えて大名権力を強化し、一元的な農民支配機構を整備したが、仙台藩では家臣団の反対が強く、地方知行制を蔵米知行制や俸禄制に切り替えることができなかった。

武士本来の姿へのこだわり

徳川家をはじめとして格式の高い大名家が地方知行制を採用したのは、武士の本来の姿にこだわったからでもある。江戸時代には、武士とは知行を給付され、知行所（給所）に居住してその仕置《しおき》（支配）に自らあたる「領主」であるという共通の観念があった。村の中で仕置にあたる武士は、「規範身分」であり、鍛錬と教養に裏打ちされた寡黙と所作が求められた。武士は、時代の模範であり、かくあるべしを体現する存在であった。ところが、蔵米知行制や俸禄制に移行すると、武士は知行地の支配権を失い城下に集住させられ、決められた日数役所に出勤する「俸給取り」になってしまう。このような事情もあって、武士本来の姿にこだわった幕府や外様の雄藩が地方知行制を最後まで廃止しなかったという見方もある。『御用留』には、武士本来の姿にこだわる山岸家中の心情が滑稽なまでに記録されている。

年貢の自分取り立てと地肝入

山岸傳三郎は給所の耕作者（家中・足軽・御百姓）から自分の力で年貢を取り立てた。代官や大肝入、村肝入は藩の行政機関であり、藩の直轄地（蔵入地）については年貢賦課と徴収を行うが、給地については給人に任されていた。

給人は毎年作柄を検見し、検地帳に基づいて耕作者一人ひとりに年貢を賦課するのが原則であったが、農民層が一八世紀半ばには富裕層と貧困層に分解してしまい、検地帳に基づいて機械的に年貢を賦課することが困難となった。そこで、給人は、農民の中から地肝入を選び、地肝入に年貢の賦課と徴収を委託する方式に改めた。地肝入は土地台帳を新たに作成して、農民一人ひとりの生活状態を斟酌しながら年貢を徴収した。給人は地肝入と文書でやり取りすることにより給所を支配する方式に改めたのである。『御用留』の後半部分には、地肝入とのやり取りが大量に記録されている。

緩い石高把握

江戸時代の政治は石高制と呼ばれる仕組みに基づいて行われた。

農民の年貢は検地で認定された石高を基礎に決定された。武士の軍役負担の基準も石高であった。大名の格式や上下関係を決める際にも石高が重要な指標となった。

仙台藩の石高は陸奥国に六〇万石、飛び地に二万石、合わせて六二万石であった。このことは伊達政宗の晩年、寛永一一年（一六三四）八月四日、三代将軍家光の発行した「知行判物」によっても確認できる。

しかし、伊達氏の表高六二万石は幕府が検地をして決定した数字ではない。天正一八年（一五九〇）、戦国大名葛西氏、大崎氏が改易（領地没収）になり、その所領一二郡が召し上げられ、翌年伊達政宗が葛西・大崎旧領に転封になった。そのとき伊達氏の石高は五八万石であるとされた。しかし、陸奥国でそれ以前に統一した基準で検地をしていないから、五八万石は根拠のない概数であった。

要するに仙台藩は藩政初期から土地把握が緩かった。それは仙台藩と幕府との関係から生じた。関ヶ原の戦以前に徳川氏に服属した西国の譜代大名の領地は幕府が直接検地して家臣に与えたものなので、表高と実高の差は小さい。ところが、仙台藩の領地に関しては正確な数字がないまま検地もしないで伊達氏に与えられたのである。
天保五年（一八三四）、仙台藩は幕府に次のように報告した。

陸奥国二一郡　九七〇村　拝領高　六〇万石
新田高　三三万七八二二石四斗五升
合わせて九三万七八二二石四斗五升

仙台藩は、報告書の中で幕府から拝領した六〇万石の内訳を示した。六〇万石を九七〇村に「分配」したのだ。将軍家光が六〇万石と言ったから、その根拠を後付で作成したのである。

竿外れ地の既得権化

仙台藩には当初から「竿外れ地（未検地）」がかなり存在し、竿外れ地は給人らの既得権として定着していた。仙台藩中興の祖、伊達吉村は一七四〇年頃、抜本的財政再建策として領内総検地を打ち出した。藩が農民から年貢・諸役を徴収するには、農民の土地保有・耕作関係を正確に把握することが不可欠だからである。ところが、家臣たちは総検地に猛反対した。総検地は理あるかにみえるが、じつは貪欲な考えから出ている。今は農民が至極疲弊しているときで、もし実施すれば「土民噪動《そうどう》」を引き起こすことになると主張し、総検地の即刻撤回を求めた。藩主吉村はこうした批判に強く反発し、不退転の決意で断固推進しようとしたが、批判が高まるばかりで、結局事実上撤回せざるを得なかった。

総検地に強く反発したのは一〇〇〇石以上の大身の家臣たちであった。彼らは竿外れ地を大量に保有していたからである。山岸傳三郎の給地内にも「竿外れ地」が存在した。

仙台藩や薩摩藩、加賀藩、徳川御三家などが地方知行制から蔵米知行制や俸禄制に切り替えることができなかったのは、幕府がそれらの領地を強権的に検地しなかった（できなかった）ので領内に「竿外れ地」がかなりの割合で存在し、それが上級家臣の既得権となっていたためと考えられる。いつの時代でも既得権をもつ者が改革に反対する。

給所の分散「散りがかり」の利点

寛政一二年（一八〇〇）頃の山岸の給所は左の通り五ヶ村に分散していた。

桃生郡深谷前谷地村	約二九五石
同郡鹿又村	約　九〇石
栗原郡堀口村	約二〇〇石
牡鹿郡真野村	約　一六石
同郡高屋敷村	約　一六石

給所が何ヶ所にも分散した状態を「散りがかり」と呼ぶ。なぜ散りがかりが発生したかについては諸説があり定まらない。おそらく一つの理論や特定の要因だけで説明できるものではないと思われる。

そこで視点を変えて、なぜ散りがかりが解消されなかったのかを考えてみたい。

散りがかり的に知行を給付すると、一つの村に複数の給人が存在することになる。そのような村を相《あい》給《きゅう》の村という。相給の村では、各給人は自分勝手な農民支配をすることができない。年貢は藩の基準にしたがって徴収せざるを得ない。すなわち散りがかりは藩にとって都合がよいのである。

また、給所を分散することによって局地的な自然災害（洪水・日照り）の被害が分散され、給人にとって有利な面もあった。散りがかりには、それなりの存在理由があったのである。

耕作地の分散と知行の散りがかり

武士の知行の散りがかりと同様に、御百姓や家中・足軽の耕作地も驚くほど「分散」していた。耕作地を一ヶ所に集約した方が作業の効率がよいはずであるが、そのような発想は農業が本格的に機械化されるつい最近までほとんど採用されなかった。戦国時代から江戸時代初期にかけて実施された検地のときも、明治の地租改正でも、第二次世界大戦後の農地改革でも、土地の集約化は思うように進まなかった。

それは、土地が先祖から受け継いだ「家産」だからである。土地には先祖の苦労や思いがつまっている。先祖から受け継いだ土地は一坪も減らすことなく子孫へ譲り渡さなければならない。土地は売買や交換の対象ではまったくない。土地を、たとえ金に窮して売り渡したとしても、自分の代で必ず買い戻さねばならない、と強く考えられた。それは個人の確信というだけでなく社会全体の共通認識であった。

武士の知行も、先祖が武功によって与えられた神聖なものという認識だったので、給所の「散りがかり」状態はいつまでも温存された。

前谷地村の構成

本書の舞台である前谷地村の人口と土地の構成を見ておく。

江戸時代の人口調査は武士身分以外の者だけを対象とした。土地の調査は、すべての土地に対して実施された。

人口構成（『風土記御用書出』安永五年〔一七七六〕）

男　三七四人

女　三一六人　（女の人口が少ないのは、「間引き」のためと思われる）

合計　六九〇人　ただし、武士身分の者を除く

武士身分の人口は、「奉公人前（武士身分の者の耕作地）」の耕地面積から約二〇〇人と推定される。したがって、村の総人口は約一〇〇〇人程度だったと考えられる。江戸時代の村としてはかなり大規模といってよい。村の規模が大きいため、民意を結集することが困難であった。

土地の構成（『桃生郡深谷諸役牒』寛政九年〔一七九七〕）

蔵入地　三六一石七斗三升（一一％）

給所　二九〇六石二斗一升（八九％）

合計　三二六七石九斗四升

蔵入地、給地ともに水田が約九五%を占めた。村の周囲に低い山々が連なっていて、燃料の薪《たきぎ》には不自由しなかった。

なお、給所のうち、武士身分の者が耕作する土地（奉公人前）は八一二石三升で、残り二〇九四石一斗八升の給所は、百姓身分の者が耕作した。

第一章　鈴木家の幕末

足軽から家老に出世した「家」の記録

真野村長谷寺観音堂

山岸は真野村に約一六石の知行を有していたが、鈴木貢が御用前を勤めた天保期に大飢饉が発生し、同村では人口九六〇人中約六〇〇人が病死・餓死した。病死・餓死が始まる直前の天保七年（一八三六）一一月、喜左衛門をリーダーとする村人たちは長谷寺観音堂に集結して打開策を話し合ったが、石巻代官所と村肝入らによって押さえ込まれ、嘆願書さえも受け取ってもらえなかった。

第一章は、足軽から家老に出世した鈴木可能とその子ども貢、孫可膳、養子仲蔵の記録である。可能は足軽の子に生まれたが、算筆の才能に秀でていたので、山岸家の家老役ならびに御用前に出世した。その子ども貢も天保の大飢饉のとき御用前として活躍した。可能と貢は親子二代にわたり、山岸家の財政が行き詰まる中で、山岸家とその家中・足軽の生活立て直しに尽力した。

孫の可膳は天保の大飢饉の後、突然村から失踪する。飢饉後の荒廃した村に、将来の希望を見出せなくなったためと思われる。可膳失踪の後、家督養子に迎えられた仲蔵は、持参金で鈴木家の借金を整理して、鈴木家を立て直した。

鈴木家四代の記録には、武士の窮乏化、農村の荒廃、身分秩序の崩壊など、仙台藩のみならず我が国の幕末史が凝縮されている。

第一節　鈴木可能

可能は明和四年（一七六七）前谷地村に生まれ、嘉永五年（一八五二）数え年八六歳で亡くなった。本格的に封建秩序が動揺する時代に、自分の才能だけを頼りに全力で人生を切り拓こうとした人物である。

御家老、御用前に抜擢

『御用留』は可能に関する記録から始まる。書き手は、可能失脚後に御用前に就いた阿部紋太である。

足軽武助の子、仁左衛門は御徒組に召し出されて鈴木仁左衛門と名を改めた。その後山岸孫一御代に村扱役を仰せ付けられ鈴木可能と改名した。さらに家老を仰せ付けられ、寛政一〇年（一七九八）より御用前に就いた。

可能の父武助は足軽身分であった。可能は、生まれたとき仁左衛門と名付けられた。算筆に秀でていたので、御徒組に採用された。足軽から家中に「身上がり」したのである。御徒組は公に姓を名乗ることのできる身分だったので、このときから鈴木姓を名乗った。さらに村扱役に抜擢され、仁左衛門を可能と改めた。その後、家老役に出世するとともに山岸知行六一七石余を取り仕切る御用前に就いた。時に可能は数え年三二歳であった。

教育の普及と身分制の動揺

足軽の子ども仁左衛門は、いわゆる寺子屋で読み書きソロバンを習ったと考えられる。『日本教育史資料』（明治一六年（一八八三）編纂）に安政元年（一八五四）開設の小野寺塾（所在地：前谷地村河原、教師：小野寺誠道）が載っているが、教育爆発の時代と呼ばれる寛政年間（一七九〇年代）には前谷地村でも小野寺塾の前身が開設されたと思われる。小野寺塾の所在地（前谷地村河原）は龍石寺の住所なので、龍石寺に寺子屋が設けられたのだろう。

ところで、家中と足軽と御百姓の身分差は相対的なものだったので、寺子屋に家中の子どもと足軽の子ども、御百姓の子どもが一緒に通ったと思われる。ちなみに江戸の寺子屋でも士農工商の身分にかかわらず同じ寺子屋に通ったことが研究で明らかにされている（『図説　江戸の学び』河出書房新社）。

前谷地村周辺の教育に関して一つ特徴的なことは、算学が盛んだったことである。

仙台の算学者江志彦惣と天野茂平治が寛文年間（一六六〇年代）新田開発のために前谷地村周辺の地域を測量した。その数年後、新田開発が成功して二万石余の新田が生まれた。その伝統を引き継ぎ、桃生郡深谷の地域では算学が盛んであった（『河南町誌　上』）。前谷地村の東にある和渕神社には算額（数学の問題を額にしたもの）が掲げられ、付近の村人が高等数学に挑戦していた。「ソロバン勘定は武士のすることではない」という偏見はほとんどなかったと思われる。また実際問題として、給所を管理するためには算学の心得が必要なことは言うまでもない。そのような地域に生まれ育った仁左衛門は算筆の能力で頭角を現した。

山岸家中では寛文年間より一三〇年にわたり「家柄の者」（阿部家・西山家・高橋家・日野家）が家老役・御用前・村扱役などの役職を独占してきたが、教育が普及するにつれて家柄ではなく能力によって役職を充てるべきとの考えが強まる。教育の普及が能力主義を台頭させ、やがて身分秩序を崩壊させる原動力となったのである。

山岸、資金繰りに行き詰まる

先代の山岸孫一は寛政二年（一七九〇）、『除キ屋鋪《やしき》拝領軒数覚牒』（侍屋敷一二軒、足軽屋敷一八軒）を書き上げさせた。借財整理のための財産調査と思われる。山岸の金主は前谷地村の有力な御百姓、善治右衛門らであったが、彼らはこの頃から無担保融資を渋るようになった。そこで山岸は金主に質入れする屋敷や田畑の調査を始めたようである。

孫一が逝去した後、資金繰りに窮した山岸左太郎は寛政一〇年（一七九八）、弱冠三二歳の鈴木可能を御用前に抜擢して財政難を乗り切ろうとしたが、就任して二年目に資金繰りに行き詰まる。金主・善治右衛門らに無担保融資を断られたのである。


鈴木可能は寛政一一年末になっても一〇年分と一一年分の五ヶ村払勘定を提出しないので、阿部紋太、西山忠兵衛、高橋太惣兵衛の三人が上様から命じられて一二年三月に帳面を点検したところ、両年とも金主への支払い不足であると判明した。そこで西山忠兵衛が地肝入に滞っていた金子を持参した。

寛政一二年（一八〇〇）三月一二日

阿部紋太、西山忠兵衛、高橋太惣兵衛は「家柄の者」と呼ばれ、彼らがこれまで家老役、御用前を独占してきたが、可能が抜擢されて無役になっていたようである。ところが、可能が「五ヶ村払勘定」を提出しないので、山岸左太郎は彼らに帳簿の点検を命じた。その結果、「金主への支払い不足」が判明した。「五ヶ村払勘定」とは山岸知行所五ヶ村（前谷地村、堀口村、真野村、高屋敷村、鹿又村）からの年貢収納高と金主への返済高などを計上した計算書と考えられる。可能は「五ヶ村払勘定」を二年間も山岸左太郎に提出することができなかったのである。

山岸は何年も前から赤字続きで、前谷地村の有力な御百姓に借金を重ねてきたのであるが、この年ついに金主から追加融資を断られて資金繰りがつかなくなった。

このとき「金主への支払い不足」に気づいた前任の御用前西山忠兵衛は、大慌てで地肝入に滞っていた金子を持参するが、山岸の金庫は空っぽなので、持参した金子は忠兵衛が外から借りて立て替えたものであった。このあと、この立替金をめぐって西山と山岸との間で何年も確執が続く。

ところで、西山忠兵衛が借金返済の不足分を金主ではなく地肝入に持参したのは、地肝入が金主と御用前との仲立ちをしているからである。借り手の山岸左太郎も御用前鈴木可能も直接金主と交渉することはなかったのである。

可能、失脚

資金繰りに行き詰まったことで、可能は山岸の信頼を失い御用前を罷免された。後任には「家柄の者」阿部紋太が任命された。

鈴木可能は御用前として至って不都合なので、同人の御知行五〇〇文のところ四分の一召し上げ、閉門一〇〇日を命じたところ、閉門中にまたまた不都合のことを行ったので、御知行三分の一召し上げ、御用前を罷免された。後任の御用前には阿部紋太が命じられた。

寛政一二年（一八〇〇）三月　　阿部紋太　御用前中

可能は「閉門中にまたまた不都合のことを行った」。御用前罷免の人事に納得できなかったのであろう。公金を横領したわけでもなく、年貢徴収に不備があったわけでもない。可能には「言い分」がたくさんあったはずだ。罷免を撤回させるべく誰かに働きかけたのかもしれない。

ところで、可能は御用前を罷免されたが、足軽に落とされたわけではないので、このときの処分では鈴木姓を名乗ることは許された。

わかりにくいのは、知行を三分の一召し上げられた（削減された）ことである。

山岸家中の「知行」は、武士が大名から給付される知行とは本質的に異なる。

山岸の家中・足軽は基本的には農民である。役目の「御奉公」のとき以外は、村の中で農業をしている。彼らは法制上武士身分を公認されて、村の中では武士身分を表に出して生活している。そこで「知行」という言葉が登場するのである。

可能ら家中は、田畑を一貫から三貫文ほど所持していた。そのうち、可能の場合は五〇〇文を「知行」と認定してもらい、その分については年貢率が一五％程度であった。残り田畑の年貢率は百姓と同様三〇％ないし四〇％であった。可能に対する処分（知行の三分の一を召し上げる）は、年貢負担の軽い「知行」扱いの田地の三分の一を百姓並み年貢に変更するというものだった。

家並の言い渡し

可能の失脚によって、能力主義人事は完全に否定された。

山岸左太郎は家中全員に系図を指し出させ、「家柄」を再確認して、「家並（家の序列）」を「もとの通りに」戻した。可能は家中筆頭から末席に滑り落ちた。

御家中はすべからく家柄の者を取り立ててきたはずだが、家並が乱れてきたので、一人ひとり系図を書き出して提出するようにと、寛政一一年（一七九九）一一月命じられた。

系図が提出されたので、もとの通りに家並に正すことにした。

同一二年（一八〇〇）一二月一五日朝五ッ時（午前八時頃）、すべての御家中が山岸御屋敷客間に召し出されて、家並を左のように言い渡された。

一　代々着座　橘御紋拝領　御盃《おさかずき》頂戴　御前頂戴　直々返盃　御前指上候

　阿部紋太

　西山忠兵衛

一　永代御小姓組　橘御紋拝領

　生出庄安

　日野義兵衛

　高橋太惣兵衛

一　御徒組座割

　吉田豊治

　鈴木五藤太

　斎藤東馬

　鈴木可能

支倉貫人
ただし、支倉貫人については系図のない家筋なので、系図の書き出しはない。

「御家中はすべからく家柄の者を取り立ててきた」「もとの通りに家並に正すことにした」と言ってる。要するに家柄によって序列が定まる従来の秩序を再構築しようとしたのである。

御用前を罷免されたとき可能は三四歳。彼は家柄が低いにもかかわらず算筆に長けたやり手ということで御用前に抜擢されたのであるが、政治的な経験不足から実力を発揮することができなかったようである。村の中で金融の鍵を握っているのは、金主（有力な農民）と地肝入であるから、彼らと太いパイプ（信頼関係）が必要だったのだ。

地肝入は給人知行地の管理人であるが、年貢割付、年貢収納、諸役銭の徴収、夫役の割当、願書の取り次ぎ、御用前からの指示伝達など、御用前と給所百姓の間に立って実務をこなす。つまり、武士が農民に直接命令することもなければ、農民から直接願書を受け取ることもない。農民に関わるすべての事柄は地肝入を通じて処理されるので、御用前は地肝入の信頼を得ることが必須である。その上でさらに有力な農民とも地肝入を通じて信頼関係を築く必要があった。

なお、江戸時代初期、地肝入は存在せず、給人家中が農民を直接支配していたが、給人家中が法制上武士身分と規定されると、給人家中は農民に直接指示・命令を出しにくくなったと思われる。身分制社会では、異なる身分間で直接口をきくことさえ秩序を乱す行為と見なされたからである。代官所の役人が村人を直接支配せずに、百姓身分の村肝入を通じて支配したのも同じ理由からであった。

話が横道にそれるが、支倉貫人の記述に注目したい。「御家中はすべからく家柄の者を取り立ててきた」にもかかわらず、支倉貫人は家柄を証明する系図をもっていないと言っている。前谷地村の支倉が仙台藩遣欧使節大使・支倉常長の末裔《まつえい》であることを推測させる記録である。

【コラム】前谷地支倉と慶長遣欧使節支倉常長

前谷地支倉と仙台藩主伊達政宗の使節としてローマ教皇のもとに派遣された支倉常長との関係については、宮城県涌谷《わくや》町文化財保護委員長・櫻井伸孝《のぶよし》氏が詳細な研究を発表されていますので、その要点をご紹介します（『涌谷町文化財友の会会報　第10号』二〇〇九年）。

支倉常長は一六一三年に牡鹿半島月の浦から出航して一六二〇年帰国します。彼は帰国の翌年に没しています。死因は不明です。常長の跡を継いだ長子常頼は寛永一七年（一六四〇）切支丹《きりしたん》の嫌疑で家禄を没収され、切腹の刑に処せられました。弟常道も兄とともに処刑されたという説もありますが、逃亡したという説もあります。櫻井伸孝氏は逃亡説に立って、支倉常道が前谷地村で終焉を迎えた可能性について次のように論じています。

逃亡説を裏付ける論拠として次の三点を挙げることができます。

まず一点目は、前谷地支倉が山岸の家中の中で「系図無之者」と特別な扱いを受けていたことです。支倉に余程の事情があることを山岸も家中の同僚たちも承知していたと推測されます。余程の事情とは、切支丹の嫌疑を受けた常道が山岸のもとに逃げ込み、匿われたことであった可能性が高いと考えられます。

二点目は、前谷地支倉の墓地です。同家の墓地は前谷地村の龍石寺境内の二ヶ所にあります。上の墓地と下の墓地です。いずれも墓地内のはずれ、人目に付きにくいところに位置しています。上の墓地は標高二〇メートルほどの急斜面を登った頂上の裏側にあり、下の墓地は山門を入った左手の一番奥まったところにあります。この墓地の選定にも人目を憚《はばか》る意識が働いたのではないかと思われます。

三点目は、上の墓地に立つ板碑です。元禄一〇年（一六九七）六月一七日建立の「道伯禅定門」二三回忌の供養碑です。二三回忌を逆算すると、没年が延宝三年（一六七五）に相当しますが、常長の末子常道であるとすれば、父常長がローマに向けて出発するのが慶長一八年（一六一三）ですから、常道がその直前の出生であったとしても年齢的に不自然ではありません。戒名「道伯禅定門」五文字のうち禅定門は階位を表す定形語で、道伯が生前の名前を反映しますから、常道の一文字をとって道伯とした可能性が高いと思われます。

以上が「櫻井説」ですが、もう一つ論拠を追加したいと思います。それは支倉貫人屋敷が一軒だけ御家中屋敷から五〇〇メートルほども離れた、玉造川（江合川）沿いの遠田郡境に位置していたことです（二四八頁参照）。そこは山陰の寂しいところで、「隠れ住む」という言葉がぴったり当てはまる場所です。

知行「割り渡し」

寛政一二年（一八〇〇）三月、山岸左太郎は鈴木可能を罷免し、同年七月、前谷地村知行六貫二〇〇文を地肝入に「割り渡し」て、善治右衛門ら三人の御百姓から融資を受けた。さらに翌年五月、栗原郡堀口村知行三貫文を「附け地」にして追加融資を受けた。「割り渡し」も「附け地」も年貢の質入れを意味する。

仙台定府のため資金繰り悪化

享和元年（一八〇一）一一月、山岸左太郎は、仙台定府（通年で仙台に滞在すること）を命じられて前谷地村から仙台屋敷に引っ越すことになった。左太郎は仙台定府になったことで出世の糸口をつかめるのではないかと期待に胸を膨らませたが、仙台屋敷での生活は予想外に出費がかさんだ。そのため左太郎はまたもや御百姓善治右衛門らに融資を申し込んだが、断られてしまった。

そこで翌年四月、左太郎は御用前に返り咲いた阿部紋太を江戸に上らせて親類に融資を依頼したのだが、断られてしまい、金策に行き詰まった。

可能、御用前復帰を画策

阿部紋太の金策失敗を知って鈴木可能はすぐに仙台に上り、山岸左太郎に阿部紋太と西山清右衛門（忠兵衛の子）を罷免すべしと上申した。可能は、財用方斎藤東馬と前の地肝入良七の名前を出して、現御用前ふたりを誹謗し、罷免を働きかけたのである。

左太郎は可能の意見を入れて阿部紋太と西山清右衛門を罷免したが、その後任には家並四番目の日野義兵衛、五番目の高橋忠左衛門（太惣兵衛の子）を指名した。家柄重視の人事方針を変更しなかったのである。可能としては、阿部と西山が罷免されれば再び自分が御用前に返り咲くと考えて画策したのであったが、期待通りに人事は動かなかった。それどころか可能は「逆心あり」と断じられて処分された。

讒言《ざんげん》で再び失脚

可能は阿部紋太と西山清右衛門の讒言を何度も繰り返したようである。

鈴木可能

一　其の方は先年六月に登仙のみぎり、西山清右衛門と阿部紋太を家老にしておいたのでは山岸財政も知行所管理もうまくゆかないと訴えてきた。話を聞いてなるほどと思うことが多かったのでふたりを罷免したのであるが、その後ふたりの勤方について調べてみると、其の方の申し出とは大いに異なり、工夫をこらしていたことが明らかになった。

一　其の方どもが逆心を企て、上を欺き、家老職を貶めたことは明らかであり、不敬不忠の致し方、不届き至極である。

一　其の方は、本来算筆に秀でている故に重役に抜擢されたのではなく、上様の思し召しによって取り立てられたのである。その御厚恩を顧みず、算筆の力量で取り立てられたと思い上がり、逆心を企てたのは不都合のことである。

一　事実を明らかにすべく家老どもが其の方を呼び出しても、龍石寺へ駆け込み、龍石寺を通じていろいろと詫びを入れてきたが、聢《しか》と申し開きをすべきところ、とにかくと申し紛れ、まったく申し開きをしていない。

一　今さら先非を悔やみ、入寺同様に駆け込み、詫びを入れてくるのは、まったく以て許されることではない。よって、三郡追放にすべきところではあるが、其の方が龍石寺に二度も駆け込み、同寺が仙台に上り再三詫びてきたので、格別の御宥免を以て、百姓身分を申し渡したところ、またまた家老どもが再三詫びてきたので、別段の思し召しを以て、足軽を申し渡す。なお、御知行一五〇文下し置く。名を仁左衛門と改めるべきこと。

文化二年（一八〇五）二月二二日

可能は、山岸左太郎と「家柄の者」たちをすっかり怒らせてしまったようである。左太郎は、初めは可能を三郡（山岸が知行を有する桃生郡、牡鹿郡、栗原郡）から追放するとか、百姓身分に落とすとか、厳しいことをいっていたが、龍石寺と家老（日野義兵衛、高橋忠左衛門）の取りなしにより足軽に落とすことで決着した。その際、鈴木可能から仁左衛門と改名を命じられたが、可能は足軽の生まれで、元の名が仁左衛門なので、この処分により元の足軽に戻され名前も旧に復したのである。

一味同心への処罰

このとき、財用方を勤めていた斎藤東馬は、可能の証言によって一味同心と見なされてしまった。しかしその証拠はなかった。

　斎藤東馬

一　鈴木可能が、其の方の証言を根拠にして、阿部と西山にさまざまな不都合があると訴えてきた。其の方にそのことを糺《ただ》すと、そのようなことを言った覚えはないとの口上書を提出してきたが、可能が其の方の名前を出している以上、其の方も一味同心であると見なさざるを得ない。よって、可能同様に厳しく処罰すべきところであるが、確かな証拠がなく、なおまた、龍石寺からも詫びてきているので、此度《こたび》は格別の思し召しを以て、戸結《とゆい》を仰せ付ける。

　文化二年二月二二日　　阿部紋太仮役にて申し渡す。

現在、共犯者の証言だけで有罪と断定されることはあり得ないが、江戸時代は犯罪人が「あいつも仲間だった」と証言すれば、名指しされた者も犯罪人と認定されることがしばしばあった。しかし確かな証拠が何もないとあっては、戸結（自宅謹慎の刑）にするのが精一杯だったようである。

なお、この記録から可能の讒言で罷免された阿部紋太が「仮役」として復帰していることがわかる。

旧地肝入良七と可能の一味逆心

前に地肝入を勤めた良七が、年貢の台帳「御検地帳写高名附牒」を紛失する事件を起こした。この事件には可能が関わっていた。

旧地肝入　良七

一　其の方は、役職の者どもが不当の勤方であり、これでは山岸財政が立ちゆかなくなると鈴木可能に報告したそうだが、調べてみるとそのような事実はなく、むしろ其の方が鈴木可能らへ働きかけ、一味逆心を企て、上を欺き、諸役人を陥れようとしたことは紛れもない。地肝入として一入《ひとしお》不都合至極である。今後、家中への出入りを禁止する。

一　其の方は、昨年夏、御検地帳写高名附牒を紛失したとのことだが、紛失したのではなく、役人どもの御用に支障を来すように隠し置いたものとみえる。此度、紛失したはずの高名附牒を急に持ち出してきて、御役人様方をだまそうとしたわけではございませんと、鈴木可能同道で詫びてきた。

一　其の方は、二月一一日より龍石寺に入寺同様に駆け入り、龍石寺を通じて詫びを入れてきた。龍石寺は、右高名附牒が紛失したわけでもありません、良七にいくらかの上納金を支払わせますのでお許しくださいと、申し出てきた。

一　よって、龍石寺立ち会いの上で、良七が所持する田代七〇〇文について今年から御銘五石を以て上納するように申し渡した。

文化二年二月

阿部紋太と西山清右衛門が家老職を罷免された背景が、また一つ明らかになった。前の地肝入良七が絡んでいたのである。

鈴木可能と斎藤東馬の処分が言い渡される直前、悪だくみが露見して身の危険を感じた良七は、龍石寺に駆け込み、助けを求めた。龍石寺は、鈴木可能、斎藤東馬のときと同様、良七のために詫びを入れるやら金銭的な解決策を提案するやらして事を収めた。最終的に、良七の所持する田代七〇〇文に対して御銘五石（年貢率五割）を命じることで一件落着となったが、御銘五石は前谷地村では当時最高の年貢率だったようである。

「御検地帳写高名附牒」紛失について考えてみる。

紛失したのは寛文七年（一六六七）『桃生郡深谷前谷地村御検地帳』ではない。「役人どもの御用に支障を来すように隠し置いた」と言っていることからもわかるように、山岸給所を耕作する家中や御百姓に年貢を課す台帳と考えられる。良七は地肝入を辞めたあとも、年貢の台帳を自宅に置いて、地肝入の仕事を補佐していたのであろう。

良七は、可能と同道で「御検地帳写高名附牒が見つかりました」と御役人（御用前）に申し出た。ふたりが親密な間柄だったことがわかる。ふたりが「御検地帳写高名附牒」紛失事件を演出して「一味逆心を企て」たのか、それとも単なる紛失事故だったのかはっきりしないが、右の処分では良七と可能の「一味逆心」と断じている。

「家柄の者」と「そうでない者」の対立

ここまでみてくると、山岸家中に二つの対立があったことがわかる。

一つは、「家柄の者」と「そうでない者」との対立である。家柄の者は阿部紋太・西山清右衛門・日野義兵衛・高橋忠左衛門、「そうでない者」は鈴木可能・斎藤東馬・鈴木五藤太らである。「家柄の者」のリーダー格は西山清右衛門で、彼らは家柄による人事と前例踏襲の行政を志向した。「そうでない者」のリーダー格は鈴木可能と斎藤東馬で、彼らは能力主義人事と合理性のある行政を志向した。医師の生出庄安と系図のない支倉貫人には家中の対立に加わる資格がなかったようである。

もう一つは、地肝入義内と前の地肝入良七の対立である。地肝入は給人が困窮化するにつれて、有力な農民から給人への融資を仲介する立場になり、実権を増していく。良七は山岸の財政難に乗じて、可能と打ち合わせた上で、地肝入復帰を画策したのではないかと推測される。

村定受普請の人足論争を経て役職復帰

足軽に落とされた鈴木可能に六年後（文化八年〔一八一一〕）活躍の機会が巡ってくる。御用前の西山清右衛門が前谷地村肝入と村定受普請（村の責任で用水路、排水路、堰などを修繕する工事）の人足をめぐって論争を始めたのであるが、このとき西山清右衛門は鈴木可能と斎藤東馬を村扱役に任命して、村肝入との交渉にあたらせた。この論争で鈴木可能が本領を発揮して復活のチャンスをつかんだ。

そして同年、いよいよ復帰を果たす。

鈴木可能
同人方へも本屋敷拝領を仰せ付ける。
よって、鈴木利右衛門宅にて三月三日朝五ッ半時（午前九時頃）申し渡した。
文化八年三月四日

三月三日（上巳《じょうし》の節句）に申し渡しがあり、それを四日に記録したものである。可能は、六年前「逆心あり」として足軽に落とされ、侍屋敷から足軽屋敷に転居させられたが、役職に復帰して再び侍屋敷を与えられた。

四役兼役

鈴木可能
其の方、御村扱役本役、過年番仮役ならびに記録役、御財用方吟味役とも四役兼役を仰せ付ける旨　御意の事
同年四月二五日
ただし、御用人次に列し、御役料田代一〇〇文下し置かれる。
御屋敷にて御直々仰せ付けられた。

このとき鈴木可能は数え年四五歳。三二歳で御用前に抜擢されたが失脚。再びその才能を認められて四

役を兼務することになり、「御屋敷にて御直々」山岸左太郎から任命されたのである。御屋敷が仙台屋敷なのか前谷地在郷屋敷なのかはっきりしないが、いずれにしても山岸左太郎が再び可能の才能に期待したことがわかる。

幕府が足高《たしだか》の制により広く人材登用したように、仙台藩が金上侍《かねあげざむらい》（献金により士分を取得した者）を多数登用したように、山岸も「家柄」にこだわっている場合ではなくなったのである。家柄により役目を割り当てて行政がうまく機能する時代は終わったのだ。

行政の中身も変化した。以前は、御用前（財政担当）と村扱役（外部との交渉窓口）以外にこれといった役割がなかったが、この年、過年番役、記録役、財用方吟味役を新設した。想像するに、過年番役は前年度会計の監査役、記録役は日々の行政の記録役、財用方吟味役は今年の会計監査役といったところであろう。

役割は新設したけれども適当な人材がいない。結局鈴木可能が四役兼務することになった。行政改革をしようにも、人材が育っていないのであろう。

御家老見習

可能は五二歳で再び家老役ならびに御用前に就任する。

次の記録では「御家老見習」になっているが、御用前役料と合わせて八〇〇文の役料はこれまでの家老役料と同額なので、この日を以て可能が実質的に家老役を引き継いだと考えられる。

西山清右衛門はこの日、長年家老役を勤めた功績により田代一〇〇文を加増された。しかし、清右衛門は可能の家老役就任に不同意だったようである。そこで山岸は仕方なく可能を「見習」とし、「家老の連名加判」という条件を付けたと思われる。なお清右衛門は、次の年、享年五二歳で亡くなった。

鈴木可能

一　其の方、御家老見習を仰せ付ける　御意の事
ただし、村扱本役のときと同様に、家老の連名加判をいたすべき旨　御意の事

鈴木可能

一　其の方、御用前を仰せ付ける　御意の事
ただし、御役料は田代六〇〇文、御用前役料二〇〇文、下し置かれる旨　御意の事
文化一五年（一八一八）二月朔日

ところが、可能は『御用留』に一切記録を残さなかった。阿部紋太から始まって西山清右衛門、日野義兵衛、高橋忠左衛門と書き継いできたのだが、可能は「この御用留」に記録するのを拒否したと思われる。『御用留』は「武助子ども仁左衛門」から始まり、可能の家老役失脚の経緯や、可能らの「一味同心」「逆心あり」などの出来事を「家柄の者」の立場から記録したものであった。したがって、可能が「この御用留」を書き継ぐ気がしなかったとしても不思議ではない。可能は別の帳面を仕立てて『御用留』としたのかもしれないが、残念ながらその記録は発見されていない。

可能の御用前在任期間は、後任の西山昌右衛門の記録によって、文化一五年二月から文政一三年二月までの一三年間であることがわかる。足軽から身を起こした可能が一三年もの間、御用前を全うしたことは大きな社会的変化といえるだろう。

第二節　鈴木貢

文政一二年（一八二九）山岸左太郎が逝去して、その跡を勝之進が継ぐ。鈴木家では可能が隠退し、代わって嫡子貢が「御奉公」にあがり頭角を現す。西山家も清右衛門から昌右衛門に、斎藤家も東馬から喜平に、それぞれ代替わりする。この三人が一八三〇年代の中心人物である。貢は、父可能と同様、実務能力に優れた人物であった。

御用人ならびに御目付役就任

鈴木貢

一　其の方義、御用人ならびに御目付役を仰せ付けられる旨　御意の事

ただし、二月一五日　定川屋敷にて御盃に仰せ付けられる。

文政一三年（一八三〇）二月一五日、貢は御用人と御目付役に就き、同日付で西山昌右衛門は家老役ならびに御用前に就任した。このときふたりは、山岸勝之進から「御盃」を仰せ付けられるが、酒好きの勝

之進がふたりに「一杯振る舞った」ということではない。ふたりを「代々着座」の者として「御盃頂戴　御前頂戴　直々返盃　御前指上候」の儀式を仰々しく行ったのである。ちなみに先代の左太郎が役職者任命に際して「御盃」を行った記録はない。

西山家はもともと「代々着座」の家柄であるから昌右衛門はこれまで正月や五節句のときなどに「御盃」を山岸から頂戴したと思われるが、鈴木貢にとっては初めての経験だったはずである。足軽（武助）を祖父にもつ貢が「御盃」に感激したとしても無理はない。なお、この年閏三月に斎藤喜平も借財整理に貢献して「御盃」を仰せ付けられている。山岸勝之進は家柄の低い鈴木貢と斎藤喜平を「御盃」によって「代々着座」扱いにするという演出をしたのであろう。勝之進は演出の効果を十分に計算していたはずである。

山岸家の借財整理

山岸家では左太郎から勝之進に代替わりする前後に、借財整理に取り組んだ。そのとき鈴木貢は、自分が所持する四五五文の田地を山岸に返納した。山岸はその田地を金主に質入れして借財の整理に充てた。山岸本人には質入れする田畑がもはやなかったのかもしれない。それにしても貢の行動力は見上げたものである。

鈴木貢

一　其の方は、元の進退（身代《しんだい》）四五五文を返納して、西山昌右衛門とふたりで御難場を整理したので、
御賞として田代二〇〇文を永代御知行として下し置く旨　御意の事

文政一三年二月一五日

貢は、山岸借財整理の後、改めて二〇〇文の知行を与えられたが、それでも二五五文、損をした勘定になる。その分は毎年の御役料で補填されると考えれば損はしなかったことになるのかもしれないが、兎に角にも山岸は家臣の田畑を質入れしなければ資金繰りがつかないほど追い込まれていたようである。

堀口村の給所管理

堀口村は栗原郡一迫川《いちはざまがわ》沿いに位置する村高一三七〇石余の村である。山岸はそこに約二〇〇石の知行を有していた。年貢を割り付けたり収納したりする仕事は、現地で任命した地肝入が行う。御用前は地肝入と文書を交わすことによって、給所の管理を行った。

天保二年（一八三一）以降御用前は斎藤喜平と鈴木貢のふたり体制であったが、給所管理は専ら鈴木貢が担当した。次の文書は堀口村御百姓から地肝入を通じて鈴木貢に提出された願書である。

天保五年午《うま》より未《ひつじ》まで二ヶ年
　堀口村御百姓善三郎
高七二一文
　うち　五八四文　継目願　四石五斗銘の銘下げ
　　午ノ年より未ノ年まで二ヶ年の銘下げ

畑代二七文　　五分一　年々当荒れ
畑代一一〇文　五分一

天保五年より向こう三ヶ年
一　金一切宛《ずつ》　極貧につき御手当を下し置かれ候事
同村　孫八

天保五年より六年まで向こう二ヶ年
一　金二切宛　極貧につき御手当を下し置かれ候事
同村　留蔵

天保四年（一八三三）から天保八年（一八三七）にかけて「天保の大飢饉」が発生する。この願書には日付がないが、願書の内容から天保五年一一月頃（年貢納入の時期）と推測される。宛先も不記載であるが、堀口村地肝入（名前不詳）宛と考えて間違いない。

願書は堀口村の三人から提出された。一人目、善三郎は家督の継目（相続）に際して、二年間、四石五斗への銘下げ（年貢率四五％への引き下げ）を願い出た。堀口村では年貢率が六九・八％が普通だったので、それを大幅に引き下げてほしいと願い出たのである（一七三頁コラム参照）。

二人目孫八と三人目留蔵は、御百姓と記載がないので水呑と思われる。ふたりは「極貧」ということで、孫八は一年に一切で三年間、留蔵は一年に二切で二年間、山岸に「御手当」を願い出た。三人の願書は、いずれもそのまま認められたと思われる。

宝暦の飢饉(一七五五〜五六年)や天明の飢饉(一七八二〜八七年)のとき、仙台藩では蔵入百姓に対して年貢の銘下げ(年貢率の軽減)をしたり極貧の者に手当を支給したりしたので、給人も給所百姓に対して同様の対応をせざるを得なかった。そのような前例があるので、鈴木貢もこの願書を不許可にできなかったはずである。

地肝入と交換した記録

『御用留』には、鈴木貢以前の御用前が地肝入と交換した給所管理の記録が載っていない。文書のやり取りはあったはずであるが、彼らは『御用留』に記録する必要はないと判断したようである。

職務の公正さを証明するためにも、後の行政の参考のためにも、行政文書を残すことは必要不可欠と考えるのが現代の常識であるが、「家柄の者」たちにはそのような常識がまだなかったのである。農民との交渉事を先例に従って処理している限り、記録する必要はないと考えたのであろう。別の見方をすれば、まだ村の秩序が安定していたということもできる。

鈴木貢の時代になって、いよいよ仙台藩でも村の秩序がはっきりと崩壊のきざしを見せる。とりわけ堀口村では農業経営に行き詰まり破産して「潰れ百姓」になったり村から逃亡したりする者が次々に現れた。耕作地を給人に「上地(返納)」する動きも顕著になる。田地の質入れや売買も頻繁に行われるようになる。

堀口村で秩序が崩れ出したときから、『御用留』に地肝入との交換記録が大量に現れてくる。実務能力のない者に御用前は務まらない時代になった。

質地証文

一　文政八年（一八二五）に質地にした分、一〇年の年数でしたが、金子を調達できませんので、年数を継続して申《さる》の年（天保七年（一八三六））より六ヶ年はこれまでの通り三石銘、七年目は一石五斗銘とし、八年目には買い戻します。このたびの始末書は、扱役鈴木磨、斎藤喜平、鈴木貢の三人が連名にて指し出します。

一　八右衛門方へ質地にした分、文政九年（一八二六）に渡しましたので、今年から八年間は質地とし九年目には買い戻します。右の儀、始末証、かくの如し。

天保七年三月　　鈴木貢　御用前中

山岸は八右衛門から金を借りるために知行を一〇年期（一八二六〜三五年）で質入れしたのであるが、満期が到来しても返済できないので、さらに八年間（一八三六〜四三年）の延長を申し入れた記録のようである。鈴木貢が質地証文の書き換えをしている。

金主の八右衛門は質地から上がる年貢で元金と利息を回収しているが、天保の大飢饉の最中なので数年間、元金はもちろん利息も回収できなかったと思われる。

ところで、金主の八右衛門に「御百姓」が付いていないが、これには二つの可能性がある。

一つは、百姓身分であるにもかかわらず「御百姓」を付けなかった場合である。そうだとすれば、天保の大飢饉の頃から農民は「天下の御百姓を相勤める公民である」という認識が薄らいだ可能性がある。しかし、この場合でも単に「百姓」と表記されるのが普通である。

もう一つは、八右衛門が百姓身分をもたない「水呑」であった可能性である。後の記録に同様の事例が登場するので、「百姓株」をもたない農民が蓄財して「御家中」に融資をするのは珍しいことではなかったようである。筆者は後者の可能性が高いと考える。

【コラム】天保の大飢饉

天保四年から八年（一八三三〜三七）に起きた全国的な飢饉を「天保の大飢饉」と呼びますが、ここでは仙台藩にしぼって説明したいと思います。

天保四年、霖雨《りんう》、洪水、大風雨が続発し、仙台藩は損亡高七五万九三〇〇石と幕府に報告しました。実高がおよそ一〇〇万石ですから七六％の減収です。この年八月、石巻に着任した代官秋山軍平は江戸を目指して出航しようとしていた穀船三艘を引き止め、それを窮民のための払米《はらい》（米を相場より安く売り渡す貧民救済策）とし、残りは石巻湊村の御米蔵に運ばせました。

天保五年は幕府に減収報告をしない小康の年でしたが、堀口村など一部の地域（内陸部）で干害が発生しました。

天保六年は六月に綿入れを着る寒さが続き、七月には大雨により洪水が起きて、大凶作になりました。この年、幕府に損耗高七三万三五二二石と報告しました。しかし前年平年作だったことから、餓死者を出すまでには至りませんでした。

天保七年は春夏とも寒冷な日が続き、盆前に稲の花が咲かず、その後穂が出ても立ち枯れ状態でした。六月になると人々が不安を感じ騒ぎだし、七月には石巻村では備蓄米を払米にしました。本町、裏町、横町、住吉でも払米をしましたが、それでも石巻と渡波《わたのは》で打ち壊しが発生しました。藩でも八月中旬に払米を実施しましたが、二年続きの大凶作で、且つ他藩からの米の買い付けも思うようにできず、餓死を食い止めるにはほど遠い規模でした。この年は幕府に損耗高九一万五〇〇〇石と報告しました。

天保の大飢饉を後世に伝えるため、石巻羽黒山日辰寺五大院の永純は『天保耗歳鑑』を著しました。それによると、牡鹿郡（現・石巻市と女川町）の死亡者を六〇〇〇人（うち餓死者三〇〇〇人、疫病痢病による死者三〇〇〇人）とみています。また、天保八年四月に作成された「陸方村々調」によれば、牡鹿郡陸方一三ヶ村で人別帳記載の一万七三一二人中、五九〇六人が死亡しており、死者数は人口の三四％になります。そのほか人別帳外の一時滞在者（町場への流民）が石巻・門脇・湊・渡波で二〇六〇人も死亡しています。両者を合わせると死者数は約八〇〇〇人になります。なかでも真野村は人口九三〇人中、約六〇〇人が死亡しました。

飢饉で犠牲者を多く出したのは、沿岸部の漁村や町場周辺の村（農業以外の稼ぎに依存する村）でした。これらの村では、米麦を購入して生活する人が多かったからです。米作りの御百姓は手もとにある程度の飯米（自家消費米）を蓄えていた関係から、それほど犠牲者を出さずに済んだようです。田畑をもたない漁村山村や農業以外の稼ぎに依存する町場周辺の住民は、米価高騰に生活防衛する術がありませんでした。

東北では宝暦の飢饉（一七五五～五六年）、天明の飢饉（一七八二～八七年）と、たびたび大凶作に見舞われましたから、村肝入などが中心となって囲籾《かこいもみ》（公共的籾備蓄）に取り組みましたが、四年間に三度の大凶作とあっては備蓄が底をついてしまいました。

大凶年の年貢

一　天保七年（一八三六）大凶年につき、御知行所よりの出高、左の通り
一　米　　一一俵七升　　前谷地村
一　大豆　三俵四斗五升　前谷地村
　　　　ただし、五斗入り
一　米　　一七俵四斗　　堀口村
一　大豆　二三俵二斗四升　堀口村
　　　　ただし、五斗入り
一　米　　五斗入り一俵　　鹿又村

一　一円無代方ばかり　　　　高屋敷村

一　代方ともになし　　　　真野村

この記録も御用前鈴木貢の筆跡である。知行所から徴収した年貢が五ヶ村合わせて米二九俵四斗七升、大豆二七俵一斗九升であった。これは平年の一〇分の一ほどと思われる。

この年一〇月（稲刈り時期）、前谷地村は、北上川が増水して江合川に逆流したため大洪水になり大幅な減収になった。太平洋岸に近い鹿又村、高屋敷村、真野村は「やませ」（海から吹く低温の偏東風）の影響で、全滅であった。内陸部の堀口村はやませの影響が少なかったようである。

二年続きの全国的な凶作で、各藩がそれぞれ米の囲い込みに狂奔したので、流通する米の量が極端に少なくなり、全国で米価が高騰した。

大飢饉時の米価

天保の大飢饉のときの石巻の米価（玄米一升の値段・単位は銭貨）は左の通り。

天保四年（一八三三）七月　　五〇文
九月上旬　　七三文
一二月下旬　　一一三文

天保五年（一八三四）秋　上作　（米、安値になる）
天保六年（一八三五）閏七月　古米　六九文
　　　　　　　　　　　　新米　六九文
　　　　　　一〇月　新米　五四文
天保七年（一八三六）七月　　一〇四文
　　　　　　九月　古米　二九〇文
　　　　　　　　　新米　一九二文
　　　　一二月一日　古米　二七七文
　　　　　　　　　新米　二〇八文
天保八年（一八三七）九月　新米　一七八文
　　　　一一月　　六九文

通常、玄米一升は銭二〇〜三〇文ほどである。天保七年は米価が平年の約一〇倍に高騰した。

なお、古米が新米より高いのは米の乾燥が進んで、同じ一升でも「御飯」に炊いたとき量が増えるからである。

貧民の犠牲

品不足の噂に惑わされてトイレットペーパーが買いだめされ、そのため実際に品不足が発生し、さらに買いだめに拍車がかかる悪循環をわれわれも経験済みだが、凶作時の米も同じ現象に陥った。一軒一軒の農家や米屋や富裕層が米を囲い込み、各藩も領内から米を出さないようにした結果、米不足、米価高騰、米売り惜しみ、さらなる米不足、さらなる米価高騰と悪循環に陥り、貧民の飢餓を招いたのである。

しかしここで考えてもらいたいのは、米価高騰だけが貧民の犠牲を招いたのではないということである。藩内でも村内でも、飢饉に際して米麦を融通し合えなかったこと、融通し合う社会的仕組みがなかったことこそが最大の原因だったと考える。

藩では越後や出羽から米を買い付けたが、米価はほとんど下がらなかった。藩内で米を融通し合うように御触れを出したが、まったく実行されなかった。各村でも囲籾を放出した後は、ごくわずかの富裕層が打ち壊しを恐れて自主的に米を放出した以外に、米麦を融通し合うことはなかった。

隣の一家がひとりふたりと病死・餓死するのを、次は我が家の番かと不安におびえながら、ただ見ているだけであった。村に米麦がなかったのではない。米屋では米も麦も売っていた。にもかかわらず病死者・餓死者を多数出してしまったのだから、単純に自然災害というべきではない。社会的災害の要素が多分にあったと考えねばならない。

飢饉で多数の犠牲者を出した村では、三回忌、七回忌もしくは一三回忌に「三界万霊塔」「名号塔」「湯殿山碑」「念仏碑」などを建てて死者供養を行った。

真野村集会者の取り調べ

村の人口の六〇％以上の犠牲者を出した牡鹿郡真野村の記録である。

山岸は真野村に一六石二斗八升の知行を有していた。

牡鹿郡真野村百姓・組頭　武右衛門
年四四歳

わたくしは同村御百姓どもと共に夫食《ふじき》（食料）拝借願を指し出しました。御吟味下さるとの御返事でしたが、七月になっても何の御返事もないのはどういうわけかと思いました。嘉左衛門が担当役人に問い詰めたところ、吟味が捗《はかど》っていないとのことでしたので、今度は吟味してくださるようにもっと手強く願い出ようと相談して、嘉左衛門、庄七などと申し合わせ、長谷寺観音堂に人数を集めました。（中略）

同村御百姓どもが今春の種籾と夫食を願い上げましたのは、天保三年から凶作続きで、食料が村内にまったくなくなったからです。御百姓の中には旧拝借の返済が残っているので願い上げても聞いてもらえないだろうと申す者もいましたが、それでもともかく願い出ようということになり、肝入衆に拝借願を出しました。しかし、肝入衆は旧拝借を返納しないうちに願を出すわけにはいかないと言うばかりでした。小前の者どもはそれを聞いて、それでは田植えができない、この上は手強く願えば、多少なりとも拝借できるのではないかと言うので、嘉左衛門などがその話を取り次ぎました。（中略）

田植えをなんとか済ませましたが、田草をとる時節にまたまた食べる物がなく、盆棚に供える食物さえまったくありませんでした。ただただ夫食がありません。手強く拝借願を出しても当然かと考えます。しかるに、拝借願の受け取りを拒否する役人を非難しないで、嘉左衛門を筆頭として観音堂へ集まった者ど

もを取り調べるとは、あきれた話です。（後略）
天保七年一一月
右の通り、武右衛門を取り調べ、供述を取りました。以上
同年同月　同村肝入　柳助

『石巻の歴史　第9巻』

右の記録は、真野村肝入が作成した武右衛門の供述調書である。
飢餓が始まる直前、嘉左衛門をリーダーとして農民が長谷寺観音堂に集結し打開策を話し合ったことがわかる。それに対して村肝入は集会を開くことに反対しただけでなく、石巻代官所の側に立って集会の取り締まりにも当たったのである。組頭武右衛門は、飢え死にしそうな「小前の者ども」が拝借願（嘆願書）を出すのは当然ではないか、その願書の受け取りを拒否する役人を「非難（撮当）」しないで、集会に参加した者を取り調べるとは「あきれた話だ（恐れ入り奉る）」と批判している。

夜半に及ぶ飢饉対策

前谷地村にも飢餓が迫っていた。御用前鈴木貢は、暮れも押し詰まった一二月一九日、村扱役らとともに山岸仙台屋敷を訪ねた。

鈴木貢

一　其の方に、来年の収穫時期まで困難が続くので、御知行五ヶ村にて勝手次第に借り受けることを任せる、借り受けるについて、逐一仙台まで報告する必要はないと、直々仰せ渡されました。
　天保七年一二月一九日　夜九ッ（夜中一二時頃）　役役同席にて
ただし、同日登仙致し、御知行前御用向きを仰せ渡され、翌日朝五ッ時（午前八時過ぎ）御屋敷を出発しました。

貢らは、その日夜中の一二時まで飢饉対策を話し合った。対策といっても金を工面して米麦を買い入れる以外に方法がないのだ。

融資を依頼する先は「御知行所五ヶ村」。とはいっても飢饉で村人の三分の二が死亡することになる真野村、三分の一が死亡することになる高屋敷村（蛇田村）に頼めるはずがないので、前谷地村か堀口村で知行を質入れして借りるしかない。金さえあれば飢饉の最中でも米も麦も大豆も多少は手に入れることができる。

山岸勝之進は、融資条件を含めてすべての判断を鈴木貢に任せた。前谷地村でも栄養失調で病死餓死寸前の家中・足軽の家族が何人もいたであろう。一刻を争う緊急事態である。指示を受けた貢らは翌朝早く仙台屋敷を出発した。

鈴木貢、御加増

天保八年三月三日（上巳・雛節句）に、鈴木貢が御用前として飢饉を乗り越えるにつき立派に役目を果たしたということで、加増になった記録である。

一　其の方は御用前に任じられ、御知行方ならびに御財用方の仕事を大変よく勤めたので、思し召しを以て、此度御加増として田代二〇〇文を下し置かれる旨　御意の事

鈴木貢

天保八年三月三日

陰暦三月三日は種籾を蒔く準備に取りかかる頃で、もちろん畑作物の収穫前である。飢饉が過ぎ去ったとはとても考えられないこの時期に、なぜ加増が行われたのか。

天保八年三月の石巻地方（桃生郡深谷・牡鹿郡）の社会状況を見てみよう。

越後より米穀買い付け

天保八年五月初旬、越後（新潟）船が追波《おっぱ》川（現・北上川本流）河口に入り、積み荷の米を「払米」した記録が残されている（『石巻の歴史　第2巻』）。

仙台藩では前年七月末、河原町錦織伊三郎、大町三丁目佐藤助五郎、大町一丁目中井新三郎、国分町岩井作兵衛の四人の豪商に「他所買米方」を命じ、その資金として八月、融資組豪商二四人に総額七八五〇両の「御貸上」を命じた。さらに九月には為替組・融資組に対して三万両の調達を命じ、一〇月さらに一万両を追加した（『宮城縣史2』）。

越後船が新潟から東廻り航路で津軽海峡を通り石巻に着くまでに一ヶ月ないし二ヶ月かかると思われるので、越後船が穀物を満載して石巻に向かったという情報が三月頃には陸路で仙台に届いていただろう。それ以前の正月頃には、仙台の豪商たちが越後で米の買い付けに成功したという情報も流れたと考えられる。

前谷地村の西隣、涌谷伊達家（二万二六四〇石）が独自に買い付けた最上米（山形米）が天保七年一二月二六日に涌谷に到着した。さらに天保八年二月二〇日には肥後米（熊本米）が松島湾内東名に到着した（以上『花井日誌』）。こうした情報が次々に入ってくる中で、越後から米が大量に入るという情報が流れたようである。

越後から米が大量に入ると米が安くなるはず、それなら高値のうちに少しずつ売り抜けようという心理が働き、三月には人心が落ち着いたようである。

五月に続き、八月二二日にも越後船が追波川河口に米と酒を満載して入港した。このときは米よりも酒に人々が群がったと記録されている。

三月から石巻中瀬《なかぜ》で藩の穀船一〇艘の建造が始まった。生き残った人々にとっては救いとなる仕事であった。

山岸家でもホッとして上巳の節句を祝ったようである。このとき加増されたのは鈴木貢ひとりだけである。彼が御用前として一働きしたのは確かであるが、どこからどのように融資を受けたかなどの具体的な記録は残されていない。

【コラム】『花井日誌』

涌谷伊達家の家臣花井六郎兵衛は一四、五歳で天明の飢饉を体験しました。彼は天保四年（一八三三）夏の天候不順に、天明の飢饉の再来を予感したのでしょう。毎日天候の記録を書き始めました。「はれ」「くもり」「雨」「雪」「北風」「南風」「寒気」「暖気」「嵐」「日照り」などの気象に関する記録を一日も欠かさず日誌に書き留めました。そのほかに、農作業の進捗や稲や麦の生育状況、米価、麦価についても折々に記録しました。地震や火災などの出来事もこまめに書き留めています。この記録は弘化四年（一八四七）一一月二五日まで一五年間書き続けられました。

『花井日誌』に、天保八年五月初旬、追波川河口に到着した越後米が、六月一一日涌谷本町の喜内方にて「上より御払」になったと記録されています。一切（四分の一両）六升の値段で、一人当たり四合を上限に「御払いになった（売り出された）」ということですから、米相場（一切で玄米五升五合）に近い値段で、量的にもわずかばかり売り払われたことがわかります。なお、難渋の者には一人当たり五合、「御救」として下さったとも記録されています。

越後米の「御払」の二日後には、大麦の豊作が確実になったこともあって、麦価が下がりだします。七月には小麦も値下がりし、八月一九日新米が一切一斗に値下がりします。

仙台藩では米を藩の専売品にして農民には自由に売買させなかったのですが、『花井日誌』天保七年八月八日以降の記録に、しばしば米の相対相場が登場します。天保の大飢饉を契機に米が相対で自由に売買できるようになったことがわかります。

村の荒廃と土地の集中

大飢饉の翌年（天保八年）秋の様子を『天保飢饉録』（『宮城縣史2』）は次のように記録している。田畑ともに田植えや植え付けをしたところは豊作だったが、村中食料不足で体力も気力もない者ばかり多く、田畑が耕されているところは稀で、この年は田畑が荒れ果ててしまった。

翌九年になっても同様の光景が多く見られた。すべての水田で田植えが行われるようになるまで一〇年以上の年月が必要であった。

『天保飢饉録』に「表向きは貧民の持高になっているけれども、内実は裕福な百姓らが譲り受けている」という記録がある。飢饉のあと裕福な農民に土地が集中し始めたのである。

天保九年「当年より向こう五ヶ年、高分《たかわけ》相免ぜられる」、すなわち田畑の売買や分割譲渡が公認された。従来農家一軒の持高は五貫文以内と制限されていた（五貫文制）が、それが撤廃されたのである。これを契機に、富裕層に土地がますます集中するようになる。富裕層が地主化し、土地を手放した貧困層が小作人化していく。凶作時に土地を手放す農民が多いことから、「凶作になると金持ちが喜ぶ」とさえ言われた。

蛇田村知行所、田植え

鈴木貢が、大飢饉からの復興をどのように支援したか、見ていく。

一　蛇田村御知行所は、天保九年も田植えの準備が始まらないので、地肝入丈吉に種籾と食料を貸し渡したのですが、丈吉がそれだけではとても知行所すべてに田植えをすることはできないというので、鈴木貢が自分の金も貸し渡し、田代九三六文の所、田植えを済ませました。

　　鈴木貢　御用前中

　蛇田村知行所とあるが、もとの高屋敷村知行所のことである。高屋敷村は蛇田村の端郷で、以前は独立した村であったが、一八世紀後半に蛇田村の一部になった。山岸は蛇田村に一貫六〇〇文余の知行を有していた。

　蛇田村の人口は天保の大飢饉で三分の二に激減した。三人に一人が死亡したのである。

　右の記録から蛇田村山岸知行所で天保八年春、田植えができなかったことがわかる。種籾まで食べ尽くしたのである。

　翌天保九年四月頃、蛇田村地肝入丈吉が前谷地村にやって来て、援助を要請した。御用前鈴木貢が種籾と食料を貸し与え、さらに貢が個人的に金銭を援助した。そのお陰で、蛇田村では田植えを済ませることができた。

真野村知行所、田植え

　天保七年から八年にかけて村民の三分の二が病死ないし餓死した真野村も、天保九年四月、田植えをしようと立ち上がった。地肝入市左衛門が二頭の馬を引いて山岸の援助を求めて前谷地村にやってきた。

一　牡鹿郡真野村御知行一貫六二八文（一六石二斗八升）の所、地肝入市左衛門が今年は田植えをしたいので米（種籾と玄米）八斗五升拝借したいと申し出てきましたので、渡してやりました。

一　四月二九日に支倉源左衛門を見分のため真野村に遣わしたところ、田起こしさえまったくしていませんでした。田植えの費用だけ□□□（判読不可）

天保九年（一八三八）五月　　鈴木貢　御用前中

安永二年（一七七三）、真野村には馬が一八二頭いたことがわかっている。天保の大飢饉のとき、三〇頭の馬が盗難にあった。盗難を免れた馬も多くが食用にされた。市左衛門は種籾と食料用玄米を持って帰らなければならないので、食用を免れたやせ馬二頭を引いてやってきたと想像される。市左衛門は貢に、種籾と玄米合わせて八斗五升の拝借を懇願し、貢は希望通り種籾と玄米を渡してやった。ところが、田植え用に貸し与えた種籾と玄米は、真野村に到着するやいなや食べられてしまったようである。凶作から丸一年以上経過しても、村人たちは飢餓から解放されていなかったのである。

貢の病臥と嫡子可膳の名代奉公

天保一三年（一八四二）、鈴木貢が病気になり、その子ども可膳（一九歳）が天保一五年（一八四四）より貢に代わって山岸に「名代奉公」することになった。このとき、貢の父可能はまだ存命であった。

可膳、行方不明

可膳は奉公を始めて三年後、二二歳のとき突然失踪する。有力な家の跡継ぎが田舎暮らしに見切りをつけて逃亡したのである。困窮した農民の逃散とは別の意味で、村社会に衝撃を与えたと思われる。次の記録は、鈴木家の親類が提出した失踪届である。

一　拙者の親類、鈴木可膳が今年二月二七日夜、行方不明になりました。親類中で心当たりはもちろん国境まで規定の日数尋ね廻りましたが、いまもって行方がわかりません。人相ならびに持ち道具品書きを添えて、ご報告します。以上

弘化四年（一八四七）三月一九日　木村新左衛門内
遠藤四郎吉

山岸勝之進様御内
西山昌右衛門殿

鈴木可膳　人相書き

一　歳《とし》　二二歳
一　長《たけ》　五尺三寸
一　色　黒き方
一　目鼻　大状

一　月代《さかやき》　二三日以前　剃り申し候
一　大小共に　無銘
一　鍔《つば》　□□
一　鞘《さや》　白黒
一　□　無地　赤銅
一　嶋給《あわせ》　一つ　うら千草
一　綿入れ　一つ　右同断
一　□形付草履《ぞうり》　一つ
一　黒帯　一筋

右の通り、持ち物を別紙にして、ご報告します。以上

弘化四年三月一九日　木村新左衛門内

遠藤四郎吉

山岸勝之進様御内

西山昌右衛門殿

前谷地村から若者が逃亡した記録はこれが最初ではない。九年前にも、山岸家中吉田豊治の嫡子吉田鎌《カ》が春先に村から突然姿を消した。吉田家も山岸家中では中堅の家柄である。鈴木可膳も吉田鎌も村の将来に希望がもてず、都会へ逃亡したたと思われる。

なお、可膳は、鈴木家が経済的に追い詰められていたという事情も抱えていた。またこの年、自分と歳の近い斎藤友右衛門（二八歳）が参勤交代の御供に抜擢されたことも、可膳にとっては衝撃だったと思われる。そのような複数の要因が重なって、可膳は逃亡する決心をしたのだろう。

大飢饉以後の社会の動揺

天保の大飢饉以降、全国的に農村にも都市にも困窮者があふれるようになるが、幕府も諸藩も有効な対策を立てることができなかった。甲斐国の郡内騒動では約八〇ヶ村一万人が、三河国加茂一揆では約二四〇ヶ村一万二〇〇〇人が百姓一揆を起こした。大坂でも餓死者が相次いだ。裕福な商人が米を買い占めて暴利を得る一方、大坂町奉行は窮民救済策をとることもなく、幕府の命令に従って大坂の米を大量に江戸に回送した。これを見た大坂町奉行の元与力で陽明学者の大塩平八郎は、天保八年（一八三七）、貧民救済を掲げて武装蜂起したが、わずか半日で鎮圧された。しかしその波紋は全国に及び、各地に大塩に共鳴する百姓一揆が起きるなど、不穏な動きが続いた。

これに対して、仙台藩は大藩で軍事力が強大だったので治安が安定していた。飢饉後も一揆は起きなかった。しかし行政改革も進まなかったので、表面上は「従来の体制」が幕末まで維持された。

一方、飢饉を境に農村の荒廃が一気に進んだ。藩財政も急速に悪化し、天保一〇年（一八三九）二月、財政難により江戸参勤の九ヶ月延期を願い出る事態になった。

出口をもたない民意と押し寄せる世界の波

序章で見たように、桃生郡深谷の村々は一七世紀、藩主導の大規模新田開発によって耕地を拡大した。そのため村の政治は次のような特徴を有していた。

第一次水源の名鰭沼は遠田郡側にあり、そこから潜穴を通じて用水を桃生郡側に導いたので、水源の管理を藩（郡奉行）が担当した。第二次水源の広渕沼や用水路は多数の村にまたがるので、桃生郡深谷の代官が管理した。農村にとって一番大事な水源について、すべて郡奉行と代官が決定する仕組みであり、各村の意向はまったく反映されなかった。

また桃生郡深谷の村々は給人の知行地が各村の七割から九割を占めていて、給人はそれぞれが年貢を徴収する仕組みであったから、年貢の村請《むらうけ》制は行われなかった。したがって、村の寄り合いもなければ、給人家中と給所百姓とが話し合う場もなかった。要するに民意を吸い上げるルートがまったくなかったのである。

村内を見渡せば、一部の農民がますます富を蓄え、貧富の差が広がるばかりであった。ところが給人はもちろん、給人家中も武士身分にこだわり古格古例の呪縛から逃れることができなかった。

しかし天保の大飢饉のはるか前から仙台藩の村々にも世界の波は押し寄せていた。ロシア船が樺太やエトロフを攻撃する事件が発生し、それに衝撃を受けた幕府は、文化四年（一八〇七）、仙台藩にエトロフ・クナシリ・函館の警護を命じた。仙台藩はその年すぐさま藩兵一七〇〇人を派遣し、それ以降幕末まで継続して蝦夷地警護にあたった。その費用は、給人らに御手伝金としてのしかかった。

村人は、ロシアやイギリスの船がたびたび日本に近づくことも、異国船を打ち払うように幕府から命じられていることも知っていた。幕府も藩も「内憂外患」の危機的状況にあることは充分理解していた。

第三節　鈴木仲蔵

嫡子貢が病気になり孫可膳が逃亡して跡継ぎのなくなった可能は、登米《とめ》郡森村の親類から養子を迎えることにした。鈴木家の養子に入る仲蔵はすでに結婚していて、三歳の子どもがいた。

鈴木可能八二歳、養子を家督にする

養子が家督になることは、養子が「家」を継ぐ権利を得ること、すなわち「家産」「家業」「家名」を継ぐ権利を得ることを意味する。その家の身代（屋敷・田畑・家禄）を買収すると考えてもいいのである。仲蔵は、鈴木家の借財三〇〇切（七五両）を肩代わりするだけの現金を持参して養子になった。

恐れ乍ら口上書を以て願奉り候御事

一　拙者鈴木可能は今年八二歳になります。嫡子貢は文政四年（一八二一）四月より父親の名代御奉公しておりましたが、天保一三年（一八四二）二月病身になりましたので、貢の嫡子可膳が天保一五年（一八四四）三月より名代御奉公して参りました。可膳は弘化四年（一八四七）四月（原文ママ）理由もなく行方知れずとなりました。貢には次男可平当年一四歳がいますので、可平を家督にすべきところですが、可平は四年前より怖気《おじけ》の病を患い、安藝様御家中医師小野寺道民の治療を受けましたが回復

しませんでした。そこで同御家中医師佐藤清安へ転療しましたが本復の見込みがないとの診断でした。そこで登米郡森村住居の堀源蔵様御家中、親類佐々木覚右衛門弟仲蔵当年三五歳を家督にしたいと存じます。

可能は身代田代四五〇文です。それを末々仲蔵に相続させたいと存じます。仲蔵には妻やす三四歳と女児つる三歳がいます。右の者どもは御法度の宗門では御座いませんので、御憐愍《れんびん》を以て願の如く家督としてお認め下さいますようお願いします。

右様お認めいただけない場合には、金三〇〇切の借財を片付けることができず、引き続き御奉公する見込みも立たなくなりますので、願の如く仰せ付け下さいますよう、双方親類連判を以てお願い申し上げます。以上

弘化五年（一八四八）二月

鈴木可能　判

堀源蔵内　佐々木覚右衛門　判

木村新左衛門内　遠藤四郎吉　判

斎藤喜平殿

可能は多額の借金に苦しんでいた。孫可膳が逃亡したのも借金がその一因であったと思われる。可能は恥も外聞もなく、仲蔵との養子縁組を「お認めいただけない場合には、金三〇〇切の借財を片付けることができず、引き続き御奉公する見込みも立たくな」ると告白している。

御家中身分の値段

仲蔵の兄、佐々木覚右衛門は堀源蔵の家中（陪臣）である。仲蔵は結婚して子どもがいるが、「家中の弟」という中途半端な身分で、おそらく兄の仕事（農業）を手伝いながら「厄介」になっていたのであろう。このままの状態で歳を取り、兄の子ども（甥）の代になると、「厄介払い」されかねない。

仲蔵としては、堀源蔵に献金して家中に取り立ててもらうという手段も考えられるが、家中の手当は極めて少額なのでそれでは生活していけない。たとえ当時の買禄相場に従い、藩に一〇〇〇両献金して直臣（大番士）に取り立てられたとしても、その手当は年間二両三両程度である（藩は御百姓から一％以下の金利で金を借りたともいえる）から、三人家族がやっと食べていけるかどうかという程度である。

仲蔵は可能の借金三〇〇切（七五両）を肩代わりすれば、屋敷と田畑を所持する「御家中鈴木家」の当主になれるのだから、「願ったり叶ったり」の縁組だったと思われる。

可能八六歳、病死

嘉永五年（一八五二）、可能が死去した。次はそのときの記録である。可能の跡式は予定通り養子仲蔵に相続された。

一　鈴木可能は当年八六歳ですが、痰症を患い、昨年一一月二九日に死去しました。跡式御知行高五〇五文を養子仲蔵四三歳に下し置かれたく御願い申し上げます。仲蔵は弘化五年（一八四八）二月、可能の養子になり、名代御奉公してきました。（中略）

御憐愍を以て願の如く成し下されたく、親類連判を以て、かくの如くお願いします。

嘉永六年（一八五三）正月二〇日

木村新左衛門内　遠藤四郎吉

吉田恒治

鈴木可能　養子　同氏　仲蔵

斎藤喜平殿

仲蔵が養子になったとき可能の知行高は四五〇文であったが、右の記録では五〇五文に増えている。仲蔵が可能の借金を清算しただけでなく、山岸に献金して加増を受けたと考えられる。なお、仲蔵の年齢については、養子家督願書とこの記録とでは計算が合わないが、原文のままとした。

妻を離別すべし

可能が死去して一年後、仲蔵の妻やすの不義密通が明るみに出た。

鈴木仲蔵

一　其の方は、妻が圓吉と不義密通したことを知りながら、妻に対しては如何様の吟味もせずに、不義の相手方圓吉には、かっとなり暴力を振るい、妻には何の仕置きもしなかった。このたびに限らず圓吉と前々も不義密通があった由である。その他密夫もいたと聞いている。

再三不埒の妻を連綿と差し置き、いつも密夫にばかり暴力を振るうのは、家事不取締である。右様不埒者をそのままにしておいては、今後役頭はじめ御上様の多事多難になると思われるので、此度のことは再三のことなので吟味するまでもない。妻を離別すべし。

右、仰せ渡されました。

嘉永六年一二月四日　斎藤喜平　御用前中

仲蔵は、借金に苦しむ可能の養子になるに際して多額の現金を持参してきたことからもわかるように裕福な農家（家中は実質農家である）の次男である。婿入りするところがなくても結婚させてもらえたほどなので、かなり裕福な家だったに違いない。

仲蔵は不義密通をはたらく妻に何一つ意見することができなかった。その様子を見かねた家中が御用前に報告したのであろう。御用前から報告を受けた山岸は仲蔵に即座に離別を命じた。

離別されたやすが故郷（登米郡森村付近か？）に戻ったか、子ども（つる八歳）が仲蔵のもとに残されたかなど、その後の詳しい様子は不明であるが、やすは『御用留』に再度登場する。

可平、呉《く》れてやる

妻を離別した仲蔵が、翌年四月病気の養弟可平を親類に引き取ってもらった記録である。

恐れ乍ら口上書を以て願奉り候御事

一　拙者の養弟、可平は、怖気の病を長い間患っています。拙者は難渋していますので、可平に薬用させることもできません。
此度、西大條源四郎様御家中、親類笠松竹之進が可平を引き取り、医師佐々木再庵の療治を受けさせ、世話をすると申し出てきましたので、親類どもで吟味した結果、御上様のご了解が得られますならば、可平を呉れてやりたいと思います。何卒御憐愍を以て願の如く仰せ付け下さいますようお願いします。
拙者は、御知行高田代五五五文です。以上
嘉永七年（一八五四）四月二四日　　鈴木仲蔵
道仲　花押
鈴木隼太殿
六月二日に斎藤喜平御用前宅にて願の通り申し渡しました。

妻を離別した後、仲蔵は可平の面倒を見切れなくなったようである。行き届いた世話をしてもらえない可平を哀れんで、「親類どもで吟味し」、笠松竹之進が引き取ることにした。
可平を「呉れてやる」と表現しているが、相応の持参金をもたせたと思われる。「拙者は難渋しています」というのは願書の常套句である。知行高がさらに五〇文増えているので、仲蔵は難渋などしていない。仲蔵は「道仲」と諱《いみな》を書き花押まで付けている。知行も増えていることから、真面目に農業と御奉公に励んでいるようである。

仲蔵と妻、復縁

離別から六年後、仲蔵と妻やすとの復縁が認められた記録である。このとき仲蔵四七歳、妻やす四六歳、娘つる一五歳。

恐れ乍ら口上書を以て願奉り候御事

一　拙者は鈴木仲蔵の親類で御座います。仲蔵妻やすが、先年心得違いのことをしてしまい、御上様から離別を命じられました。やすに、非を悔いてすぐにもお詫びを申し上げさせるべきところ、今になってしまい恐縮至極に存じます。やすは離別を命じられ、深く反省し、それ以降身を慎んでおりますので、御目先御免に成し下されたく、拙者ども親類につき連名を以てお願い申し上げます。以上

安政七年（一八六〇）正月　右仲蔵親戚　喜惣太　判

男澤友四郎内　大谷熊治　判

吉田恒治殿

右の通り願が提出されましたので、御上様に申し上げ、願の如くお許しが出ました。

斎藤友右衛門　御用前中

仲蔵がその後山岸家中でどのような役目を果たしたかわからないが、明治四年（一八七一）支倉家文書に仲蔵の子どもと思われる「鈴木忠吉」の名前が見えるので、鈴木家は幕末の動乱を乗り越えて明治を迎

えたと思われる。

鈴木家が起こした社会変革

可能、貢、可膳、仲蔵と続く鈴木家四代の物語は、「家柄」重視の封建的社会から実務能力重視の近代的社会への転換の物語である。

寛政一二年（一八〇〇）、山岸は家中の「系図書き」を再確認して「家柄」の序列を決定した。それ以降、家柄に基づき役職人事を強行したが、うまく機能しなかった。

可能は「算筆の能力」で御用前に復帰した。家柄の者が家中を支配する慣行を打ち破ったのである。その子、貢は天保の大飢饉で疲弊した給所の支援に奔走した。この頃から『御用留』に農政に関する記録が登場する。貢は前例踏襲の行政から、合理的行政へと舵を切り、その記録を残したのである。

一方で社会においては、天保の大飢饉を契機に農民の階層分化が一段と進んだ。小前の農民が土地を手放し、富裕層に土地が集中した。そうした中で貢の子、可膳が村から突然失踪した。可能は仲蔵を養子に迎え、鈴木家を継がせた。鈴木家は養子制度によって維持されたのである。

第二章　西山家の幕末
「家柄の者」親子三代の苦悩

西山家中門

西山家は山岸家に「準ずる家柄」で、常に御家老・御用前を勤めてきた。ところが一八世紀後半から家柄より実務能力が社会的に評価されるようになり、身分秩序が崩れ始める。由緒ある家柄を誇る西山家にとって幕末の六〇年間は苦難の連続であった。
現存する西山家中門は、同家の格式の高さを今に伝えている。

第二章では、西山忠兵衛、清右衛門、昌右衛門の親子三代を取り上げる。年代としては寛政二年（一七九〇）から嘉永二年（一八四九）までのおよそ六〇年間である。

天明の飢饉（一七八二～八七年）以降、仙台藩は財政的に追い詰められていく。とはいっても、藩は、蔵入地から上がる年貢収入のほかに、知行役金（五分一役金・知行高一貫文につき金一切）、知行借上、手伝金、買米制による収入、鉱山・山林・河川からの収入など、複数の収入源があったので、工夫次第では財政再建の可能性があった。それに対して、給人は知行地からの年貢収入のみであったから、赤字分は知行地の農民から借金するしかなかった。西山家は御用前として山岸家を支えなければならないので、山岸家の財政破綻は西山家を窮地に追い込むことになる。

第一節　西山忠兵衛

まず、西山家の由緒について確認する。

表1は、寛政一二年（一八〇〇）に言い渡された「家並」と寛文七年（一六六七）の検地帳を整理したものである。持高の一文は米一升を表す。

寛文七年の検地の時点で、山岸傳三郎の前谷地村内の知行（約二九五五石）はすべて家中三人（甚左衛門、清左衛門、久右衛門）と足軽九人（久兵衛、弥傳次、作右衛門、佐五右衛門、吉助、兵蔵、九左衛門、甚九郎、清八）の所持高になっている（三二頁表参照）。この一二家が山岸「御家中」として幕末まで存続した。すなわち検地のとき「足軽」身分とされた者は、その後「家中」身分に上昇したのである。一二人の家臣を実持高（百姓持高分を差し引いた持高）の順に並べて、一八〇〇年に言い渡された家中「家並」と対応させてみる。

後に見るように西山家は天保一〇年（一八三九）の土地売買記録から家中清左衛門の末裔であることが証明できる。また阿部家と西山家は「代々着座と申しながら御一家に準ずる」という記録が残されているので、阿部家の先祖が家中甚左衛門で、西山家の先祖が家中清左衛門であることは間違いない。

表1　寛政12年（1800）の「家並」と寛文7年（1667）の検地帳

一八〇〇年　家並の序列		一六六七年　実持高の順		
代々着座	阿部紋太	家中	甚左衛門	（二五二〇文）
〃	西山忠兵衛	家中	清左衛門	（二一八三文）
永代御小姓組	生出庄安（医師）	家中	久右衛門	（八四〇文）
〃	日野義兵衛	足軽	佐五右衛門	（一九一八文）
〃	高橋太惣兵衛	足軽	吉助	（一五六六文）
御徒組	吉田豊治	足軽	兵蔵	（一四三四文）
〃	鈴木五藤太	足軽	久兵衛	（二二五六文）
〃	斎藤東馬	足軽	九左衛門	（二二五四文）
〃	鈴木可能	足軽	甚九郎	（一一七三文）
〃	支倉貫人	足軽	弥傳次	（一〇五六文）
		足軽	作右衛門	（九二八文）
		足軽	清八	（七九一文）

家並と検地帳の対応関係

序列三番目の生出庄安は家中久右衛門に対応する。田畑の所持高が少ないにもかかわらず家中身分というのは、医師という職業にぴったり当てはまる。これも間違いないところであろう。

日野義兵衛以下の対応関係を確定することは困難であるが、序列は一八世紀末までほぼ正確に引き継がれたと思われる。また、一八〇〇年の家並では足軽を省略しているが、足軽を含めると家数は一三軒前後になる。家数も一三〇年間基本的には変化していないようである。

なお、支倉貫人が支倉常長の次男常道の末裔であるとすると、寛文七年検地のとき山岸の庇護のもとにあったとしても名前を出すことができないので、検地では「無高」であったと考えられる。支倉はその後に未検地の地所を与えられたのであろう。ちなみに支倉家は『御用留』に貫人、富蔵、源左衛門、進、顕蔵と登場するが、誰一人として役職に就いた者がいない。「序列外」扱いだったと思われる。

除き屋敷調査

西山忠兵衛らは、寛政二年（一七九〇）九月、山岸の前谷地村除き屋敷（侍屋敷一二軒、足軽屋敷一八軒、合わせて三〇軒）を調査して『除キ屋鋪拝領軒数覚牒』（斎藤報恩会旧蔵）を作成した。「除き屋敷」とは年貢を免除された拝領屋敷のことで、武士身分（給人またはその家中・足軽）の者に与えられた屋敷地である。覚牒ではそれぞれの屋敷の形状、縦横の間数、面積、侍屋敷・足軽屋敷・田畑の区別などを確認し、屋敷図に表し、それに居住者を書き入れ、さらに過去の売買記録なども付記した（二二〇頁参照）。

西山忠兵衛は、侍屋敷一軒と足軽屋敷一軒に田一〇一坪、畑六六坪、合わせて五六〇坪の屋敷を所持していた。忠兵衛の屋敷内に侍屋敷や足軽屋敷、田畑があるという意味ではない。侍屋敷・足軽屋敷・田・畑の区別は寛文七年検地のときのものであり、忠兵衛は五六〇坪の広大な地所を一つの屋敷として所持していたのである。

表２ 『除キ屋鋪拝領軒数覚牒』（寛政２年（1790）９月）

所有者	面積（坪）	適用(☆は1800年に家中として家並を言い渡された家)
阿部紋太	168坪	☆　侍屋敷１軒
西山忠兵衛	560坪	☆　侍屋敷１軒、足軽屋敷１軒、田101坪、畑66坪
日野義兵衛	252坪	☆　侍屋敷２軒
吉田丈右衛門	216坪	☆　侍屋敷１軒、田30坪、畑90坪
鈴木宇右衛門	250坪	☆　侍屋敷１軒、畑92坪
西山庄左衛門	543坪	侍屋敷１軒、足軽屋敷１軒、畑196坪
阿部義内	624坪	侍屋敷１軒、足軽屋敷１軒、田35坪、畑27坪
阿部太右衛門	336坪	侍屋敷２軒、畑158坪
佐藤今五郎	496坪	侍屋敷２軒、足軽屋敷１軒
長之丞	114坪	足軽屋敷１軒
助六	240坪	足軽屋敷２軒
惣内	143坪	足軽屋敷１軒
次惣兵衛	459坪	足軽屋敷２軒、畑219坪
久次兵衛	322坪	足軽屋敷２軒、畑182坪
喜藤太	364坪	足軽屋敷２軒、田44坪
市左衛門	330坪	足軽屋敷１軒、畑116坪
(山崎屋敷)	75坪	足軽屋敷１軒
(小友屋敷)	270坪	足軽屋敷２軒
	合計	侍屋敷12軒、足軽屋敷18軒

拝領屋敷の住人

表2を見ると除き屋敷の住人一六人のうち、山岸家中と確認できるのは、上から五人（☆）だけである。西山庄左衛門、阿部義内、阿部太右衛門、佐藤今五郎の四人は姓を名乗っているが、寛政二年時点では山岸家中ではない。姓のない長之丞らは足軽または百姓身分と思われる。

寛政一二年（一八〇〇）に家中として家並を言い渡された一〇人のうち、生出庄安、高橋太惣兵衛、斎藤東馬、鈴木可能、支倉貫人の五人は除き屋敷に住んでいない。

山岸傳三郎が前谷地村に知行を得てからおよそ一三〇年経過している。その間に家中の半数が経済的に行き詰まり除き屋敷を手放したと想像される。

西山忠兵衛らが『除キ屋鋪拝領軒数覚牒』を作成した目的は、一つには山岸の借財整理のための財産目録作成だったと思われる。もう一つには家中・足軽・御百姓の間の貸借関係を整理することにあったと思われる。たとえば吉田丈右衛門屋敷の図面中に、「右一〇文地は、西山多仲の御知行畑を百姓附に譲ったので、このようになった。田代八文地は、吉田丈右衛門持高であったが、多仲が畑を直々返したので、百姓地につき丈右衛門屋敷内に附ける」と記載がある。これだけでは何のことかわからないが、貸借関係を整理したことは伝わってくる。

「家柄の者」西山家の復活

第一章でみたように、足軽から御家老・御用前に出世した鈴木可能が一時期、山岸の財政運営を担当したが、結局資金繰りに行き詰まり罷免された。そのあと、以前のように「家柄の者」が御家老・御用前を勤める時代に逆戻りした。「家柄の者」とは阿部紋太、西山忠兵衛、日野義兵衛、高橋太惣兵衛らであったが、実務能力において西山忠兵衛とその息子清右衛門が抜きんでていた。

西山忠兵衛は立場上、山岸家資金繰りを最終的には自分がみるほかないと考えていた。

知行を地肝入に「割り渡し」

寛政一二年（一八〇〇）七月、西山忠兵衛らは「地肝入義内に山岸知行六貫二九二文を割り渡す」という証文を作成して、三人の御百姓から追加融資を受けた。このとき山岸の借金は約六〇〇切（一五〇両）に達していた。

一　御家中屋敷　十吉　田代　一貫一八文
　　　　　　　　　　　畑代　二三文
一　御家中屋敷　太惣右衛門　田代　二〇〇文
　　　　　　　　　　　畑代　七七文
一　御家中屋敷　彦七　田代　五六二文
　　　　　　　　　　　畑代　八七文
一　御家中屋敷　卯蔵　田代　一貫一五五文
　　　　　　　　　　　畑代　一文

（中略）

右田畑合わせて六町七反二畝二四歩、此の代六貫二九二文
右の通り地形割り渡すものなり。
寛政一二年（一八〇〇）七月
高橋太惣兵衛
西山忠兵衛
阿部紋太
地肝入　義内殿

右は、「御家中屋敷」に居住する「十吉」の所持地、「田代一貫一八文」と「畑代二三文」の田畑を、「地肝入義内」に「割り渡す」と言っている。以下同様に二三人の所持地を義内に割り渡した（表3）。西山忠兵衛ら三人の御用前が山岸の「地形（知行）」を地肝入義内に「割り渡す」とはどういう意味なのか、考えてみる。

地肝入義内は山岸知行地の管理人である。彼は年貢の割付（賦課）と徴収（収納）を請け負う者である。義内は徴収した年貢を山岸に引き渡す義務を負う。ところが、右の証文では、「右田畑合わせて六町七反二畝二四歩」を地肝入義内に「割り渡す」といっているから、義内は右の田畑から徴収した年貢を山岸に引き渡す義務がなくなり、徴収した年貢を直接金主に引き渡すことになったのである。金主は確実に貸金を回収する手段として、特定の田畑を地肝入に「割り渡し」させたのであるが、田畑の耕作権や所持権を担保に取ったわけではない。「割り渡し」は、年貢から確実に返済を受けるための手段にすぎないのだ。

なお、金主はこの時点では「地主」ではない。「地主」とは自分の土地を貸して小作料（借地料）を徴

表3　山岸左太郎知行割り渡し一覧（寛政12年〔1800〕7月）

屋敷名	名前	田代・畑代	
御家中屋敷	十吉	田代　10石1斗8升	畑代　5斗
御家中屋敷	太惣右衛門	田代　2石	畑代　7斗7升
御家中屋敷	彦七	田代　5石6斗2升	畑代　8斗7升
御家中屋敷	卯蔵	田代　11石5斗5升	畑代　1升
二間堀屋敷	林之助	田代　1石4斗5升	畑代　7升
鳥屋崎屋敷	要七		畑代　2斗7升
小友屋敷	平右衛門		畑代　2石1斗8升
福根屋敷	太蔵	田代　3石1斗4升	畑代　2斗3升
西山喜左衛門高指引人	太蔵		畑代　1斗3升
福田屋敷	良作	田代　2石3斗1升	
黒沢屋敷	善治右衛門	田代　2石　1升	
西□屋敷	義内	田代　9斗9升	畑代　6斗4升
空屋敷	万右衛門	田代　1石	畑代　5斗1升
三番割屋敷	与兵衛	田代　3石8斗8升	畑代　9斗1升
定川屋敷	周蔵		畑代　3斗5升
二間堀屋敷	廣右衛門		畑代　3升
砂押屋敷	圓之丞		畑代　1斗
沖屋敷	□十郎		畑代　7升
中屋敷	栄之助		畑代　1升
砂押屋敷	要吉		畑代　1升
大内覚右衛門高指引人	太郎左衛門		畑代　2斗3升
河原前屋敷	民蔵		畑代　3升
鹿張屋敷	栄次右衛門	田代　9石8斗9升	畑代　4斗6升
	長蔵		畑代　9升
	左吉		畑代　8升

合わせて6町7反2畝24歩　この代、田畑合わせて62石9斗2升
田代・畑代とは田畑の生産高を表す。表の値を足すと63石2斗になり、合計が合わない。原本にも畑代の合計を何度も訂正した跡が見える。

収する者をいうが、金主の御百姓らは、給人（実際には地肝入）が徴収した年貢から返済を受けたのである。前谷地村で金主が土地所有権を取得して、農民に小作させるのは天保の大飢饉後（一八三六年以降）のことである。

金主は三人の御百姓

前項の割渡証文に高橋太惣兵衛、西山忠兵衛、阿部紋太が署名しているが、彼らが鈴木可能失脚後の新たな御用前である。金主はこの記録には表れていないが、後の記録で前谷地村百姓善治右衛門、藤吉、善兵衛の三人であることが明らかになる。善治右衛門は割渡証文では黒沢屋敷善治右衛門として名前を出している。藤吉は割渡帳記載の最初の人物、十吉と同一人物であると思われる。村社会は固有名詞も「音通」であったから、十吉でも藤吉でもトウキチとさえ読めれば不都合はなかった。

地肝入は、田畑六町七反二畝二四歩から年貢を徴収して金主に納入することになった。山岸は借金を返済すれば「割り渡し」した田畑六町七反二畝二四歩を取り戻せるが、そうでなければ知行を売却したのと同じ状況に追い込まれる。

年貢率を平均四割とすると、金主が受け取る年貢は六二石九斗二升の四割なので約二五石になる。金一切で米五斗買えるとすると、借金の六〇〇切で米三〇〇石買える計算になるので、年二五石ずつ返済すると完済に一二年かかる計算になる。

金主は山岸左太郎の借金が限界に達したと判断して知行の「割り渡し」を要求したのである。

割り渡した田畑

割り渡した田畑はすべて御百姓の所持地である。家中・足軽の所持地は割り渡しの対象になっていない。その理由は、御百姓の田畑の年貢率が三割ないし四割であるのに対して、家中・足軽の知行と認定された田畑の年貢率が一割五分ほどだったので、金主が御百姓の田畑の割り渡しを要求したからと考えられる。

ところで、十吉ら四人は百姓身分にもかかわらず「御家中屋敷」に住んでいる（表3）。彼らは何者なのか。なぜ御百姓が御家中者屋敷に住んでいるのか。

右の疑問を解くために寛政一二年『表御百姓附高名附帳』（以下『割渡帳』という）と寛文七年『前谷地村御検地帳』（以下『検地帳』という）を付き合わせてみた。

一　割渡帳の御家中屋敷十吉の所持地一九筆中一一筆が検地帳の「源蔵作」と一致する。
一　割渡帳の御家中屋敷太惣右衛門の所持地九筆が検地帳の「茂傳次作」「久内作」「源蔵作」と一致する。
一　割渡帳の御家中屋敷彦七の所持地が検地帳の「甚之丞作」「茂傳次作」とほぼ一致する。
一　割渡帳の御家中屋敷卯蔵の所持地が検地帳の「仁左衛門作」「源蔵作」「久内作」とほぼ一致する。
一　割渡帳記載のそのほかの田畑は検地帳に記載がない。

これらのことから、御家中屋敷に居住する御百姓十吉、太惣右衛門、彦七、卯蔵の四人は、『検地帳』に登録された源蔵、茂傳次、甚之丞、仁左衛門、久内らを先祖にもつことはほぼ間違いないことがわかった。彼らは当初山岸家中の配下の百姓と位置づけられたが、その後家中の支配から独立し、山岸給所の御百姓になったと考えられる。彼らは前谷地村草分けの百姓であることから、足軽身分の者と同様、御家中屋敷に住むことを許されたと考えることもできなくはないが、彼ら四人が御家中に金を貸し込み、返済不能となったところで御家中屋敷を取り上げた可能性のほうが大きい。

また、『検地帳』に「〇〇作」と登録されていない田畑は未検地の地所であることが確認できた。未検地の地所は藩に把握されていない土地なので、「割り渡し」しても藩から咎《とが》められないと考えたのであろうか。

準一家の家柄

寛政一二年（一八〇〇）一二月、西山忠兵衛の家柄は、「代々着座　橘御紋拝領　御盃頂戴　御前頂戴直々返盃　御前指上候」と言い渡された。家並（序列）は阿部紋太に次ぎ第二位である。

「着座」は仙台藩士の家格を表す言葉で、藩主からじきじきに盃を頂戴する者をいう。山岸家も藩に倣って着座という家格を定めた。また「代々着座」の者は山岸家と同じ橘の家紋が許された。山岸家の準一家、すなわち擬制的一家とされたのである。山岸家は阿部家と西山家に対して、前谷地を共に開墾した同輩という意識をもっていたようである。

忠兵衛は寛政一二年一二月の家並言い渡しのときまで健在であったが、翌年の「仕事始め」には嫡子清右衛門に仕事を譲った。

第二節　西山清右衛門

忠兵衛の跡を継いで御家老・御用前に就任した清右衛門には二つの課題があった。

一つは身分秩序の立て直しである。鈴木可能の御家老役就任によって「家並」が一度崩れてしまったので、それを再構築することである。

もう一つは財政の立て直しだ。それに付随して、父忠兵衛が立て替えた金銭を山岸から返してもらうという課題も抱えていた。

御用始め

御家老・御用前に就任した阿部紋太と「加番」清右衛門は、正月一一日「御用始め」に、ふたりが他家中より一段身分が上位であることの確認を山岸に求めた。

一　山岸家の財政については今年も拙者どもにお任せください。ふたりでそれぞれに手段を尽くして倹約に努めたいと存じます。

一　今年から御用人役を仰せ付けられ、御小姓組の監督と御徒組の支配とを命じられましたが、彼らに同僚意識でいられたのでは重き役目が務まりません。区別をしっかりつけていただきたいと存じます。

一　拙者どもは去年改めて代々着座橘御紋拝領を仰せ付けられましたが、着座無役の者どもに対して御家老支配に服するように命じていただきたいと存じます。

右三ヶ条、拙者どもが寄り合い、吟味の上申し上げます。早速御家中全員にお命じいただきたいと存じます。

寛政一三年（一八〇一）正月一一日　御用前　阿部紋太
加番　西山清右衛門

一　右の通り申し上げたところ、御家中全員にお命じくださるとの御返事をいただきましたので、御用始めに山岸御屋敷に罷《まか》り出ました。

同月同日

御用始めにまず身分の上下を確認したところに西山清右衛門の政治感覚がよく表れている。「足軽出の可能ごときを御家老役に就けた」と後悔しているのであろう。身分秩序を再度確立することが一番の課題と認識していることがわかる。

具体的には、御小姓組の生出庄安、日野義兵衛、高橋太惣兵衛も「橘御紋拝領」すなわち山岸家の擬制的一家と位置づけられたことから、彼らに「同僚意識」をもたれたのでは役目が務まらないと危惧して、上下関係を確認したのである。

立替金の清算

次の記録に西山清右衛門の親「多仲」が登場するが、多仲は忠兵衛と同一人物と思われる（本書では同一人物と考えて話を進める）。記録は、清右衛門が、親多仲が他借りして山岸に用立てた六八切九分を御用前の阿部紋太に清算してくれるように求めた願書である。

願書では、立替金を清算するためには、山岸が堀口村知行三貫文を「附け地」にして、またもや善治右衛門らから借金する必要があるといっているが、この借金の件は清右衛門、前谷地村地肝入、金主の三者間でおおよその話がまとまっていた。清右衛門は、早く堀口村知行三貫文を附け地にして、親多仲の立替金を清算してほしいと、阿部紋太に強く要望している。

なお、「附け地」は「割り渡し」とまったく同じ意味で使用されている。

一　拙者の親多仲が先年御家老在職中、山岸家の財政が逼迫したので、当村御百姓善治右衛門、藤吉、善兵衛の三人に相談して金主を引き受けてもらいました。しかし、年を追うごとに返済不足が多くなり、借金が五九五切何分となりました。そこでまたぞろ三人に相談して、右の借金返済のために当村知行内の田代六貫文余を返済完了まで附け地として渡しました。しかしそれでも御難渋が解消せず、田代三貫文を新たに附け地にする約束で、さらに融資してもらうことになっています。

一　金主方三人は、右附地三貫文は前谷地村ではなくて堀口村にしてほしいと申し出てきました。

一　山岸家の借金五九五切何分のうちに、拙者親多仲が他借りをして御用立てした六八切九分が含まれています。それについて金主方は、堀口村三貫文を附け地にしたときに、拙者に清算してくれる約束になっています。

一　金主方は、附け地三貫文については不作引きなし、または三貫五〇〇文にしてもらいたいと要求しています。

一　拙者も他借りして大変難渋しております。金主方との交渉がまとまらず、拙者親が御用立てしたお金を返済してもらえなければ、生活が成り立たず、如何様にも御奉公を続けることができません。

右のような次第ですので、堀口村附け地の問題を早速御吟味くださいますようお願いします
享和元年（一八〇一）五月朔日　西山清右衛門　重判
阿部紋太殿

一　右の通り西山清右衛門より申し出がありました。そこで御屋敷にて阿部紋太が事情をご説明したところ御上様は異議なく思し召されて、次のように仰せ付けられました。
附け地三貫文の約束については、五〇〇文増しとする先例はないので、前書きの通り堀口村にて正味三貫文を返済完了まで金主方に割り渡すことにする。
同年同日　阿部紋太　御用前中

西山清右衛門も山岸左太郎もかなり資金繰りに詰まっている様子である。

清右衛門から新たな借金を申し込まれた御百姓善治右衛門らは、担保として堀口村の知行三貫文を「附け地」にするよう求めてきた。それも正味三貫文不作引きなし、または三貫五〇〇文のいずれかにしてほしいと厳しい要求を出してきた。それに対して山岸は「正味三貫文を割り渡す」と回答した。

「正味三貫文」の意味するところを考えてみる。

附け地にした三貫文の田畑から徴収する年貢を金主への返済に充てることになったが、年貢を割り付ける（賦課する）のは相変わらず山岸である。山岸が知行を地肝入に割り渡しても、領主山岸と知行百姓との関係に変化はない。したがって、不作になったとき御百姓らは山岸に年貢の減免を願い出ることになるが、金主には「不作引きなし」と約束しているので、容易に減免するわけにはいかない。それでも領主に

は御百姓の生活を保護する義務があるので、不作で御百姓の生活が立ちゆかないようであれば、減免せざるを得ない。減免すれば、返済計画に狂いが生じる。

一方、金主たる善治右衛門らには領主としての義務がないので、彼らは不作であろうと約定通りの返済を求めたのである。領主山岸が封建道徳に縛られているのに対して、金主は近代的な契約関係を主張している。

「不作引きなし」の考え方は、年貢の定免法に通じる。定免法は作柄の豊凶にかかわらず約束通り(定免とは領主と御百姓との契約である)の年貢率で徴収する方法で、享保の改革以降、全国に普及するが、理想的な封建領主の姿とはいえない。

不作引きなしと定免法は、江戸時代当初の収穫高に応じて年貢を賦課するという租税観念を変更し、近代的契約に近づけるものであった。

なお、金主の善治右衛門らが前谷地村ではなく堀口村の知行を質入れするように求めたのは、前谷地村の年貢率が三割から四割ほどなのに対し、堀口村は五割から六割九分八厘と高率だったからと思われる。

このとき山岸は金主の要求通り堀口村三貫文を割り渡して融資を受けたが、西山多仲の立替金は清算されなかった。西山が山岸のために立て替えたお金の問題は片付かなかったのである。

三貫文の「指し向け」、役人に届ける

山岸左太郎は、堀口村の知行三貫文を金主らに「指し向け」たことを、桃生郡深谷の役人に届け出た。

壱分判金二九六切四歩九厘八毛

右金は、深谷前谷地村御百姓斎藤善治右衛門・藤吉・太蔵の三人より先年借りた借金の残高です。右金返済のため、私御知行栗原郡壱迫堀口村にて高二〇貫五八文所持いたすうち、田代三貫文の所を金主らに指し向けました。

このたびは金主らからの申し出により、当年より不作引きなしにて正味三貫文より収納する年貢を返済に充てることにしました。ただし、凶作同様の不作のときは、相談する約束になっています。

右田地を指し向けても御奉公に差し支えることはございません。

享和元年九月　　山岸左太郎

小野又吉殿

小野又吉は、文化元年（一八〇四）三月の記録に、郡奉行からの御達しを伝達した役人として登場する（二七三頁参照）。したがって、右は、「右田地を指し向けても御奉公に差し支えることはございません」と藩の役人に届け出た記録である。知行を質入れする給人が増えて、藩としても見過ごすわけにはいかなくなり、届け出させることにしたのであろう。

ところで、この記録では、田代三貫文の所を「金主らに指し向け」たと表現している。これまでの「地肝入に割り渡した」「地肝入に附け地にした」という表現から一歩踏み込んでいる。武士が知行を質入れするのをどう表現したものかと、苦心していることがわかる。

【コラム】寛政の大一揆と金主・善治右衛門

寛政九年（一七九七）作成の『桃生郡深谷諸役牒』が仙台市の斎藤報恩会に残されています。そこには桃生郡深谷地区二五ヶ村の肝入が提出した各村諸役書上が一枚も欠けることなく綴《つづ》られています。

仙台領内で寛政九年三月初めから二ヶ月にわたり空前の大一揆が起きました。「寛政の大一揆」です。江刺郡伊手村（現・岩手県奥州市）の村民集会に端を発するこの一揆は、瞬く間に領内北部一帯に広がり、数万人の一揆衆が仙台に向かって南下しました。その要求は三一ヶ条にわたっていました。主なものは、①藩の不当な課税・借り上げ反対、②過分な買米反対、③郡方村方役人の不正弾劾、④疲弊する農村に対する積極的救済などでした。藩は一揆の要求を受け入れて、民政改革を行うと約束しました。

改革に当たっては、郡奉行をはじめとして郡村役人を一斉に更迭し、在村の大肝入、村肝入なども処分または交代させ、新しい郡村支配体制に改めました。そのとき桃生郡深谷地区で作成されたのが『桃生郡深谷諸役牒』です。郡村の諸費用取り立てを吟味して、不用な取り立てを廃止したのです。

前谷地村肝入の書上を見ると、善治右衛門は桃生郡深谷地区二五ヶ村の仮大肝入と記されています。大一揆で、これまでの大肝入が更迭されたのでしょう。善治右衛門が仮大肝入に就任して二五ヶ村から諸役書上を提出させたのでした。

このとき善治右衛門は六三歳。四貫五六五文（四五石六斗五升）の田畑を所持していました。藩では御百姓が五貫文以上所持することを禁止していましたから、善治右衛門の持ち高は制限の上限でした。さらに善治右衛門はこの年、麴室《こうじむろ》一軒分本代二二〇文、酒屋一軒分今代二四貫文の諸役を納めています。金に換算すると、納税額は約五両になります。本代は「永楽通宝」勘定、今代は「寛永通宝」勘定で、本代一文は今代五文に相当しました。金と銭の交換相場は、金一両が銭（今代）五〇〇〇文ほどでした。

前谷地村百姓善治右衛門は、豪農であり酒造業者であり金貸しでした。彼はこのあと正式に大肝入に就任し、斎藤姓を名乗ります。その斎藤家が、後に学術研究に多大な支援を行う斎藤報恩会を設立したのですから、これらの資料が同会に保存されたのは当然の成り行きだったのです。

「草刈御判」拝領騒動

前谷地村の西隣に伊達安藝二万二三〇〇石の城下町・涌谷がある。次の記録は、涌谷領の草刈場の許可証「草刈御判」を取得したときのエピソードである。

御家老阿部紋太と西山清右衛門が御上様に左のように願い出た。

一　右両人が安藝様御領地の市道谷《いちみち》地にて草刈御判三枚を拝領したい旨、御上様を通じて願い出たところ、安藝様から一枚拝領することができた。しかし先年は三枚拝領していたので、先年の通り三枚拝領したいと願い出たところ、安藝様御家老末永新左衛門様から、何ヶ年以前、年号何年の頃にそのような先例があったのか、はっきりと説明するようにと求められた。そこで旧記を調べて享保四年（一七一九）四月に草刈御判を三枚拝領した旨を説明したところ、もう一枚拝領することができた。しかし、是非にも三枚いただきたいと申し出たところ、末永新左衛門様から前谷地村にはすでに右御判を十数人に渡しているので、これ以上渡すわけにはいかないと、返事がきた。

一　享和元年（一八〇一）六月一五日、御屋敷にて右御判を西山清右衛門と阿部紋太が拝受した。しかし、高橋忠左衛門と日野義兵衛も草刈御判を無心するので、西山清右衛門は末永新左衛門様方に直談判に訪れたところ、新左衛門様が留守だったので、持参した酒三升と魚一本を留守番の者に置いて帰った。

一　西山清右衛門が土産を遣わしたからなのか、末永新左衛門様から草刈御判を二枚下さるとの連絡があったので、同月二九日受取人を遣わした。右御判を日野義兵衛と高橋忠左衛門が拝領することになり、酒魚などの諸入料を西山清右衛門、阿部紋太、日野義兵衛、高橋忠左衛門の四人で負担した。

ただし、右御判は家柄の者が拝領したのであり、近年そのことについて異議を申し立てる者もないが、念のためここに書き留めておく。

享和元年六月　　西山清右衛門　御用前中

市道谷地は山岸家中屋敷から徒歩二〇分ほどのところにある。草刈御判を出したのは、涌谷城主・伊達安藝の家老末永新左衛門である。

草刈御判三枚を所望された末永新左衛門は、西山清右衛門に「先例」を示すように求めた。彼は先例通りに職務を遂行しようとしているのだ。清右衛門も新左衛門の求めに応じて、旧記から八〇年以上前の先例を探し出して、目的を達することができた。

清右衛門は草刈御判を得た者は「家柄の者」であると言っている。もし御徒組の者から異議を申し立てられたら、われわれ四人は「旗本」である、「いざ鎌倉」に備えて馬を飼わねばならぬ、そのためには大量の草が必要なので四人はどうしても草刈場を確保しなければならぬのだ、とでも言うつもりなのだ。四人以外は御徒組なので、戦のときは槍を担いで徒歩で騎乗の旗本に附き従うことになる。もちろん馬が戦のためというのは表向きのことで、実際は農耕馬であった。

ともあれ、右のエピソードには「先例」と「家柄」を重視する清右衛門らの思考がよく表れている。

次も清右衛門の権威主義的な傾向を表す記録である。

権威主義への固執

一　当年より御家老、御用前、御小姓以上の者は、御上様へ御礼に罷り出るとき脇差にて罷り出て、御礼を申し上げるとき脇差をとって申し上げなさい。また、お客様を案内して御上様へ罷り出るときも脇差にて罷り出なさい。

一　御家老から御徒の者まで、これまでは御礼に罷り出るとき御座敷まで扇子を持参していましたが、それは甚だ心得違いなので、以後その必要はない。配下の者にもその旨を周知しなさい。

享和元年七月一五日　　西山清右衛門　御用前中

清右衛門は家中に対して、上様に御礼等の挨拶に参上するときの礼儀作法について細かに指示している。過剰な作法を簡略に改める趣旨と思われるが、些末な作法にこだわること自体権威主義的であると言わざるを得ない。

脇差、扇子について礼法を改めた翌月、山岸左太郎は今度は三人に替名《かわりな》を命じた。あきれるばかりの権威主義志向である。もちろんこれも清右衛門と阿部紋太の意向を受けてのことと思われる。

一　御家老御用人が左の通り替名を仰せ付けられました。

　御家老　阿部紋太事　大蔵《おおくら》

御家老　西山清右衛門事　主計《かずえ》

御用人　日野義兵衛事　皆人《みなひと》

右の通り御屋敷にて御上様より直々仰せ付けられました。

　享和元年八月朔日

次も、西山清右衛門ら三人が申し合わせて山岸左太郎に出させた文書と思われる。

阿部大蔵
西山主計
日野皆人
一　其の方どもは軍用筋の騎馬を仰せ付けられた家柄なので、馬術の稽古に怠りなく精を出すこと。ただし、生出庄安は医師なので、馬術の稽古を免除する。
享和元年八月一五日

戦のとき阿部、西山、日野の三家は騎馬で出陣すべき家柄であるといっているけれども、この後明治維新に至るまで、馬術はおろか剣術の稽古をした記録もない。なおこの後、仙台藩は戊辰戦争で戦うが、山岸の家中・足軽はひとりも参加しなかった。

昇進、ただし名目のみ

一　三番着座に下し置かれる　同年同月
日野皆人
生出庄安
一　四番着座に下し置かれる　同年同月
吉田豊治
一　御小姓組に下し置かれる　同年同月

一　その身一代御小姓組に下し置かれる　同年同月
　　　　　　　　　　　　　　　　　　　　斎藤□蔵
右の通り御屋敷において仰せ渡されました。
　　享和元年八月一五日

日野皆人（義兵衛）と生出庄安は御小姓組より着座に、吉田豊治と斎藤□蔵は御徒組より御小姓組に昇進した。昇進とはいっても名目だけで、知行や役料が増えたわけではなさそうである。

「御一家に準ずる着座」と「並着座」

日野と生出が昇進して、阿部、西山と同格の「着座」についたことから、ふたりはすぐに自分たちのほうが身分的に上であることを山岸に確認を求めて、次の回答を得た。

　　　　　　　　　　　　　　　　　　　　阿部大蔵
　　　　　　　　　　　　　　　　　　　　西山主計
一　このたび着座の者どもは御用人（阿部大蔵・西山主計）の支配下にあると仰せ付けられましたが、その点に関して疑問のことを御上様に伺い、次のようなお答えを頂戴しました。
一　着座無役の者ども（日野皆人・生出庄安）は願書を提出するとき、御用人宛に出すこと。
一　西山主計と阿部大蔵は代々着座と申しながら御一家に準ずるので、願書を提出するときは家老名で御上様に直に出すこと。

一　去る一五日に仰せ付けられた者ども（日野皆人・生出庄安）は並着座であるから、自分の苗字で直接御上様に願書を出したのでは、御用人が家臣全体を支配できなくなる。よって、並着座の者は自分苗字で直々願書を提出してはならない。

右の通り御上様より仰せ出されました。以上

享和元年八月一八日　　西山主計　御用前中

結論としては阿部と西山は「御一家に準ずる着座」、日野と生出は「並着座」と規定して、上下関係を明確にした。

それにしても阿部と西山が身分の細かな上下に神経を使っていることがわかる。その半面、ふたりは知行所の運営を地肝入に任せっきりのようである。この時期『御用留』は西山清右衛門が専ら記録しているが、御百姓の生活状態や田畑の作柄、年貢収納、用水路の管理などに関する記録がまったくない。清右衛門は知行所の運営に関心がないのであろうか。そのようなはずはない。彼は家中・足軽を権威主義的にしっかり統治すれば、すべて問題が片付くと考えているのであろう。

博奕《ばくえき》の禁令

博奕の禁令が享和元年六月に幕府から公布され、それを受けて仙台藩が八月八日に藩内に同様の禁令を公布し、前谷地村山岸家でそれを九月一〇日に家中に伝達した。わずか十数人の山岸家中が、幕府や仙台

藩の職制をまねて家老、目付などの役柄を定め、権威主義的慣行を実施していた。

一　博奕について、これまでたびたび公儀より禁令が出されたにもかかわらず、在方（村方）などで今もって博奕が止まないのは不届である。よって今後、御奉行組の者は、幕府領、大名領の差別なく博奕の者どもを召し捕らえなさい。（中略）

大目付へ

右の通り御触れを出しなさい。

享和元年六月

右の通りの御書付が戸田采女正《うねめのしょう》殿（幕府老中）御添の方留守衆より届けられた。

全国に触れられた博奕之義は、御家（伊達家）においても御一門衆はじめ所拝領の輩にも厳しく命じたところであるが今もって止んでいない。いろいろな名称を付けてさまざまな勝負事が行われているそうだが、名称が何であれ博奕であることに変わりはない。博奕は要するに御制道不届の事である。公儀より召し捕らえられる者が出たりしたら、公儀御制道を憚らない大不祥事になってしまうので、仙台御城下はもちろん村々の端々までも見廻り、侍屋敷であっても遠慮せず内部まで立ち入り厳しく吟味しなさい。（中略）たとえ役人が見込み違いで召し捕ったとしても、その役人の責任は御容赦される。（中略）

右の通り、御城下在々とも残らず、触れなさい。

八月八日　　伊勢

美濃
大隅
日向

御目付中

右の通り仰せ出されたので、触れなさい。
九月一〇日　高橋忠左衛門
西山主計
阿部大蔵

御目付中

右の通り仰せ出されたので、おのおのその旨心得なさい。
同月同日　御目付役　斎藤東馬

日野皆人殿

右の通り仰せ出されたので、おのおのその旨心得なさい。
同月同日　日野皆人
高橋忠左衛門

生出庄安殿
吉田豊治殿
斎藤　進殿
鈴木五藤太殿
鈴木可能殿
支倉貫人殿
　源之丞殿
長之丞殿
林助殿
喜藤太殿

右の文書から、このとき山岸家中は一五人であると確認できる。そのうち、家中身分は阿部、西山、高橋、日野、斎藤東馬、生出、吉田、斎藤進、鈴木五藤太、鈴木可能、支倉の一一人、足軽身分は源之丞、長之丞、林助、喜藤太の四人である。一五人のうち何人かは臨時的任用と考えられる。

山岸左太郎、仙台定府

享和元年一一月、左太郎は仙台定府を命じられ、一二月末に仙台に引っ越すことになった。左太郎は、後の文書に出てくることであるが、出世のチャンス到来と大喜びで、引越の準備に取りかかった。

仙台引越に関する一連の記録から、左太郎や西山清右衛門がどのような問題意識をもっていたのか、考えてみる。

御袋様への御挨拶

左太郎が清右衛門らにまず命じたのは御袋様（母親）のことであった。御袋様を前谷地村に残して、自分だけ仙台に引っ越すことにしたからである。また年末年始の御挨拶も最初に文書で言い渡された。御挨拶が何事にも優る重要事項だったのである。

西山主計
阿部大蔵

一　御上様は仙台定府となるが、御袋様への月並み（毎月の）御礼（御挨拶）は都合のよいときで構わない。

一　年末年始については、前谷地御屋敷で御家老御用前として家中の御挨拶を受け、その後、刻限が遅くなっても構わないから、仙台屋敷に罷り出なさい。五節句、□□日にも、右同様に仙台に罷り出なさい。

右の通り、御上様から仙台定府となるにつき、命じられた。

同年　一一月二四日

家中筆頭の西山と阿部が毎月御袋様に御礼の挨拶をしていたことがわかる。

正月や五節句などの折は、御上様（左太郎）不在でも西山と阿部が中心になり前谷地御屋敷で御挨拶を実施し、その後ふたりは夜遅くなっても構わないから仙台に駆け付けるようにと指示された。

当時は挨拶の儀式が大変重要視された。現代人から見れば無意味に思える儀式であるが、上下関係の確認をしたり家中の結束を図ったりする上で大変重要と考えられた。

儀式に対する日本人の心のあり方は現代にも受け継がれている。学校の入学式、始業式、終業式、卒業式、役所の辞令交付式、御用始め、御用納め、会社の入社式、甲子園の開閉会式など、数え上げれば切りがない。封建社会では儀式で立派に立ち居振る舞う人が尊敬された。その心性は今なお消えていないように思われる。

また、左太郎は定府中の御袋様の暮らしにも気を配っていた。

一　御袋様へ真野村御知行を指し向ける。なお、その管理は阿部権左衛門に任せるので、滞りなく勤めなさい。よって、阿部権左衛門に御屋敷の拝領を仰せ付ける。

　享和元年一二月　　西山主計宅にて

御袋様の生活費に、真野村の知行（一六石二斗八升）からあがる年貢を充てることにした記録である。担当になった阿部権左衛門は臨時採用の家臣であるが、御袋様御家老を命じられ、真野村知行の管理も任され、さらに屋敷一軒を与えられた。

村の御祭礼

一 龍ノ口龍神宮ならびに牛頭天王、愛宕、八幡宮へ、年に一度、御祭礼のみぎり角代《つのだい》二〇〇文ずつ、地肝入より献上するよう命じられた。

享和元年一二月

龍ノ口龍神宮は前谷地村の鎮守である。愛宕社は龍ノ口龍神宮境内に、牛頭天王社と八幡宮は西と東の村境に、それぞれ祀られていた。右の記録から、それぞれの神様を年に一度、前谷地村としてお祀りしていたことがわかる。角代（御祝儀）二〇〇文は銭（寛永通宝）二〇〇文のこと。金一両は当時の相場で銭五〇〇〇文であるから、角代二〇〇文は大した金額ではないが、ともあれ給人も村の一員として祭礼に協力していたことが確かめられる。

ところで、角代を家中ではなく地肝入に持参させたところに、山岸の領主意識が如実に表れている。祭礼は村人（農民）の祭りであって、侍身分のわれわれには関係がないと言わんばかりの雰囲気が感じられる。

定府時の給所運営に関する指示

山岸左太郎は前谷地村と仙台に屋敷を所持していたが、仙台屋敷は屋形様（伊達の当主）に御奉公するための宿泊施設であり、本藩との連絡事務所でもあった。左太郎は仙台に常住するに際して、臨時採用の台所係と御徒組のひとりを番方（警護役）として連れて行くことにしたが、それ以外は足軽ひとり連れて

郵 便 は が き

料金受取人払郵便

晴海局承認

9986

差出有効期間
2023年 2月
1日まで

104 8782

905

東京都中央区築地7-4-4-201

築地書館 読書カード係 行

お名前	年齢	性別 男・女
ご住所 〒		
電話番号		
ご職業（お勤め先）		

購入申込書 このはがきは、当社書籍の注文書としてもお使いいただけます。

ご注文される書名	冊数

ご指定書店名 ご自宅への直送（発送料300円）をご希望の方は記入しないでください。

tel

読者カード

ご愛読ありがとうございます。本カードを小社の企画の参考にさせていただきたく存じます。ご感想は、匿名にて公表させていただく場合がございます。また、小社より新刊案内などを送らせていただくことがあります。個人情報につきましては、適切に管理し第三者への提供はいたしません。ご協力ありがとうございました。

ご購入された書籍をご記入ください。

本書を何で最初にお知りになりましたか？

□書店　□新聞・雑誌（　　　　）□テレビ・ラジオ（　　　　　）
□インターネットの検索で（　　　　　）□人から（口コミ・ネット）
□（　　　　　　）の書評を読んで　□その他（　　　　　　　）

ご購入の動機（複数回答可）

□テーマに関心があった　□内容、構成が良さそうだった
□著者　□表紙が気に入った　□その他（　　　　　　　　）

今、いちばん関心のあることを教えてください。

最近、購入された書籍を教えてください。

本書のご感想、読みたいテーマ、今後の出版物へのご希望など

□総合図書目録（無料）の送付を希望する方はチェックして下さい。
＊新刊情報などが届くメールマガジンの申し込みは小社ホームページ（http://www.tsukiji-shokan.co.jp）にて

行かなかった。
次の記録は、山岸が引越間際に阿部と西山に出したものである。

一　此度定仙につき、諸事御礼のことなど心がけることを一通り書面で申し渡した。且つまた、御用向きのことについては何事によらず仙台に知らせること。御用向きにも軽重があるが、重要なことは、わざわざ仙台まで足を運んで伺いを立てること。

一　御知行方についてはこれまでの通り両人に任せる。……（中略）……金銭借財については利息の高下に注意してもらいたい。

一　在所（前谷地村在郷屋敷）と仙台との隔たりはないとは思うが、念のため思いついたことを申し伝えておく。

享和元年一二月七日　　左太郎

阿部大蔵殿
西山主計殿

前谷地村から仙台まで徒歩で八時間ほどかかる。左太郎は前谷地村の家臣団と意思疎通に欠けることを心配し、「重要なことは、わざわざ仙台まで足を運んで伺いを立てること」と指示した。

左太郎が一番心配なのは「利息」である。「金銭借財」は西山清右衛門と阿部紋太に任せてあるのだが、利息の高い金に手を出さないようにと注意を与えた。

御勘気御免

日野七郎右衛門

一　其の方は、先年重き不調法により改易になり、初めは他人に預け置かれ、その後嫡子皆人方に預け置かれてきた。このたび御定仙につき、御勘気御免に成し下された。

享和元年一二月

日野七郎右衛門は家中家並四番目の日野皆人（義兵衛）の実父である。「改易」と仰々しい表現をしているが、七郎右衛門は左太郎と感情的に対立して「お咎め」を受けた程度であったと推測される。今は嫡子のもとで謹慎している。

左太郎は仙台転居にあたり、七郎右衛門との長年のわだかまりに決着を付けたかったのであろう。

番方年番

左太郎は引っ越す直前の一二月二一日に、仙台屋敷の警護にふたりの若者を指名した。

高橋忠左衛門　家督　喜蔵

一　来る正月より六月まで半年番を命じる。

支倉貫人　家督　富蔵

一　来る七月より一二月まで半年番を命じる。
手当として前例通り、部屋住みにつき金一両を下し置く。
右の通りふたりに申し渡しなさい。
享和元年一二月二一日　　左太郎
西山主計殿

右の通り命じられたので直々ふたりに申し渡したけれども、高橋忠左衛門方から左の願書が提出された。

先年は一年番でした。このたびは格別の思し召しを以て半年番にしていただきましたけれども、番方を一年間ふたりで勤めなさいとの御趣旨だと思いますので、ふたりで一ヶ月交替で勤めたいと存じます。

そこで、ふたりに一ヶ月交代で勤めるように命じた。
享和元年一二月　　西山主計　御用前中

年の暮れに突然仙台屋敷の警護を命じられた高橋家と支倉家は、予想外のことに当惑したのかもしれない。半年交替を一ヶ月交替に変更を願い出て、許しを得た。

「前例通り」「先年は一年番でした」とあるので、山岸家が以前から仙台屋敷を拝領していて、番方（警護役）を家中の中から毎年ひとり派遣していたことがわかる。番方は「部屋住み」なので三食賄い付きである。

高橋家と支倉家が上様の命令に素直に従っていない。些細なことのようにもみえるが、筆者には時代の変化を象徴しているように感じられる。

左太郎は支倉富蔵に仙台勤務を命じている。遣欧慶長使節支倉常長の事跡がすっかり忘れ去られたようである。

仙台往復の費用

享和元年一二月末に、左太郎は仙台に引っ越した。

翌年正月仕事始めに際して、西山清右衛門と阿部紋太は仙台に文書を送り、左太郎に二つのことを確認した。

一　今年も御家老ならびに惣御役人中を仰せ付けられたということで間違いございませんかと、書面で御上様に確認したところ、阿部大蔵と西山主計に今年も任せるので、右様に心得なさいと、御附札を以て仰せ付けられました。

一　御家老ならびに御役人が仙台に上り下りする費用の半分を御負担下さるよう御願いしたところ、御附札を以て右様にすることに異議はない旨、仰せ付けられました。

右の通り、御用始めにつき書面で確認し、両条御下知仰せ付けられました。

享和二年（一八〇二）正月一一日　西山主計　御用前中

昨年に引き続き、西山清右衛門と阿部紋太が御家老・御用前であること、ならびに仙台の往復費用の半分を山岸が負担することを確認した。ふたりは書面で確認を求め、左太郎はその書面に「御附札（付箋）」を付けて回答してきた。

西山清右衛門、加増

西山主計

一　このたび御定仙につき、去る冬から仙台屋敷の家作普請を仰せ付かり、同役と協力しながらとはいえ、御用前として一入よく働いてくれた。お陰で家作は都合よくでき、予定通り御定仙遊ばされたのは大慶である。且つまた、去年分の物成（年貢）を都合よく収納したのは、これまた出精の勤方である。右の御賞として御用前中の役料を田代二〇〇文加増する。

享和二年二月四日

年貢の収納と左太郎の引越を無事済ませた西山清右衛門が田代二〇〇文（二石）の加増を受けた記録である。家老役は西山清右衛門と阿部紋太のふたりであるが、実際は清右衛門がひとりで仕切っていたことがわかる。

【コラム】加増

田代二〇〇文の加増とは、下田ならば一反八畝（約五四〇坪）を新たに知行として与えることを意味します。中田であれば一反四畝、上田であれば一反二畝ほどになります。加増された田地を西山が自分で耕作すれば、二〇〇文（玄米二〇〇升・二石）の収穫はすべて西山の取り分になります。御百姓に耕作させれば、取り分は御百姓と半半になります。

右は知行についての公式見解です。しかし山岸の場合、実際に新たな田地を与えたとは考えられません。なぜなら加増の場所が特定されていないからです。本当に加増するのであれば、加増地を特定しなければなりません。『御用留』に「御加増」の記録がしばしば出てきますが、加増地を特定した記録はまったくありません。

筆者の生家に、明治四年（一八七一）の水帳（土地台帳）が残されています。水帳の冒頭に、支倉顕蔵は知行高五〇〇文、抱地四〇〇文との記載があり、それに続いて実際の所持高は一四八七文、そのうち、七九二文は年貢率が一割五分、六二八文は三割とあります。すなわち知行と認定された田地は年貢率が低く、抱地は年貢率が高かったのです。

西山清右衛門の「加増二〇〇文」も、これまで年貢率三割だった田地二〇〇文について、年貢率を一割五分に引き下げるということのようです。

なお、抱地とは百姓以外の者（武士）が所持する百姓地のことをいいます。したがって「支倉顕蔵抱地四〇〇文」は、①支倉顕蔵は百姓身分でない、②四〇〇文の土地は支倉顕蔵の所持地である、③四〇〇文の土地には百姓並みの年貢負担があるという三つのことを意味します。要するに生活実態が百姓同然であるにもかかわらず、武士であることを主張しているのです。

知行高は「家格」を示す指標としても機能しましたから、加増によって家の「格」が上がるという効果もありました。封建社会は「格」のわずかな違いにとても敏感でしたから、経済的な利益以上に「格」が上がることに意味があったのかもしれません。

資金繰り一気に悪化

前年の年貢収納が順調だったにもかかわらず、享和二年二月から三月にかけて山岸の資金繰りは一気に悪化した。何があったのか。考えられるのは、仙台屋敷での生活費が予想以上に膨張したことである。

左太郎は仙台定府を命じられて出世の好機到来と喜んでいる。衣服を新調したり家具調度を調えたりしたことだろう。上役や同僚との付き合いにも精を出したに違いない。前谷地村の在郷屋敷との交通・通信にも経費がかかったと思われる。御用前の西山清右衛門はそのたびに地肝入義内を通じて前谷地村の有力な御百姓らに借金を申し込んだはずである。しかし、御百姓らは山岸の資金繰りに深く関わるのを警戒し、三月末には清右衛門からの融資申込みにまったく応じなくなってしまった。

阿部紋太、金策のため江戸に上る

資金繰りに窮した山岸は、家老役阿部紋太を江戸に派遣して融資を受けようとした。

一　阿部大蔵が四月三日、山岸八郎右衛門殿に七五両借りるために江戸に向けて出発した。上京して借金を依頼したが貸してもらえなかった。八郎右衛門殿は、仙台の猪狩忠助殿から五〇両借りられるようにと添書をくださったので、同人宅に伺ったがそこでも目的を達することができなかった。右の路銀に五両を要した。

同年五月一三日

阿部紋太は、江戸の山岸八郎右衛門から融資をしてもらうつもりで上京したが、目的を達することができなかった。仙台の猪狩忠助にも断られ、万策尽きた。このあと阿部紋太と西山清右衛門は山岸左太郎の信頼を急速に失う。なお、山岸八郎右衛門と猪狩忠助がどのような人物か不明である。

六月二一日、阿部紋太と西山清右衛門は御家老・御用前を解任された。代わって日野義兵衛（皆人）が御家老役に、斎藤東馬（丹下）が御用人・御財用方に任命された。

阿部と西山、罷免

金策に行き詰まったふたりに対して、山岸左太郎は怒り心頭に発した様子である。

一　阿部大蔵と西山主計は、御上様より御知行所すべての管理を任されているにもかかわらず、先月、御上様から直々書面を以て必要な品々を仰せ付けられたとき、最早そのような準備金は尽きてしまいましたと返事をした。

一　御上様は仙台定府になり御奉公専要に思し召されているので、いつ何時御役を蒙るかも計りがたい。その節には御用に必要な品々を速やかに拵《こしら》えねばならない。準備金がまったくないなどというのは、畢竟上《ひっきょう》を軽んじる言い訳である。知行の村々も借金で苦しんでいるので御百姓らから金を調達できないというのはもっともであるが、それならば其の方どもの出費を減じ、さらにその下の役人どもから調達してでも準備金を確保すべきである。準備金がないのは役柄として一入不届きである。よって厳重に御沙汰に及ぶべきであるが、家柄の者なので、特段の御容赦を以て役目を除き、身代三〇〇文とする。

一　両人に、御目先遠慮を申し付ける。
諸願、諸達しともに、用人支配を仰せ付ける。
家柄を召し上げる。

享和二年七月一一日　仰せ渡された。

ここでも、左太郎の仙台定府による出世への期待がよくわかる。出世して加増になれば多少の出費など問題ではないと言わんばかりである。
「知行の村々も借金で苦しんでいるので御百姓らから金を調達できない」と言っているが、裏を返せば、すでにさんざん知行の村々の御百姓らから借金していたということである。その御百姓らが貸し渋ったのだ。

阿部紋太、所払い

左太郎は阿部太兵衛（大蔵・紋太）を、西山清右衛門より重く処罰した。江戸に上った際の旅費を誤魔化したというのがその理由である。

一　阿部太兵衛、其の方は、当四月中江戸表に御用で上った折、二一切持参し、先々月の五月中旬に仙台に戻り、そのあと帰宅したのであるが、勘定書を指し出していない。そこで早速指し出すように命じたところ、如何覚えもこれなく遣ってしまったと申し出たのは、まず以て不届至極である。

一　右の支払いの明細を指し出すように命じたところ、今度は指し出してきた。その明細の数ヶ条に不当のところを発見したので、一緒に上京した者に糺したところ、明細書と食い違う供述であった。したがって、明細書は通り一遍に作成したものであって、偽計私曲同様であり、重々不届である。あまつさえわずかとはいえ右遣い残し高、金四分八厘六毛のところ、それさえもごまかして返金しないのは、これまた偽計の致し方であり、不届である。

右の通り、甚だ不届につき厳重に御沙汰なさるべきであるが、格別の御容免を以て、改易を申し付け、御知行所五ヶ村所払いを命じる。

享和二年七月一一日

阿部紋太が「改易」になり、山岸の「知行所五ヶ村所払い」になった記録である。「改易」といっても田畑を没収されたわけではない。年貢負担の軽い「知行」扱いの田畑が、百姓並みの年貢に変更になっただけである。「五ヶ村所払い」も実態としては一時的な「親類預かり」のようなものだったと思われる。

なお、阿部紋太が阿部太兵衛になっているのは、太兵衛が元の名で、紋太と大蔵は御家老・御用前に就任したとき改めた名なので、改易と同時に元の名に戻したからである。

附け地召し上げの御触れと武士の窮乏

困窮した武士が各地で知行を質入れする事態を、藩として見過ごすわけにはいかなくなったようである。金主に「附けた」知行を「召し上げる（取り戻す）」ことができるとする御触れが出た。

一　金主方に附けた堀口村正味三貫文の知行が、藩の御触れにより召し上げられることになった。そこで、阿部紋太を通じて、困窮している西山清右衛門が一貫文分の物成金（年貢米）を頂戴したいと願い上げたところ、御上様は余儀なく思し召され、願の通り一貫文の御物成を清右衛門が受け取ることになった。

文化二年（一八〇五）九月　　阿部紋太　御用前中

御触れは借金の棒引きではなく、返済を七ヶ年猶予させるという内容であった。清右衛門はこの御触れが出たので、堀口村三貫文の附け地を七年間取り戻せると思ったのだが、地肝入を通じて金主と交渉した結果、一貫文しか返してもらえなかった。清右衛門はその一貫文からあがる年貢を親多仲の立替金の返済として受け取る権利があると主張して、阿部と山岸に認めさせた。

なお、右の記録から、三年前五ヶ村所払いになった阿部紋太が御用前として復活していることがわかる。この時期、西山清右衛門と阿部紋太を失脚させようとした鈴木可能が処分され、清右衛門と紋太が返り咲いたのである。役職復帰後、西山と阿部は替名「主計」「大蔵」の使用を止めた。

一貫文の物成、拝借金にあらず

ところが二年後、左太郎が清右衛門に堀口村一貫文からあがる年貢を返上せよと命じてきた。それに対して、清右衛門と紋太は反論した。

一　享和年中、拙者は堀口村一貫文からあがる物成金を受け取らせてもらいましたが、御上様におかれましては甚だ御難渋とのことで、今年と明年は右物成金を返上しなさいと命じられました。右物成を拙者方で受け取ることになったのは、前々からご説明している通り、拙者親多仲が家老在職中に金六八切余をお立替したからです。したがって立替金の返済として一貫文附け地の物成を受け取ったのであって、拝借したのではありません。
堀口村正味にて三貫文附け地にした件は、御代官へも同年九月御頼証を以て報告しています。七ヶ年延金の御触出がありましたが、段々金主方と交渉したところ、附け地すべてを返してもらうのは困難とわかり、一貫文だけ返してもらうことになりました。

右の処理は御用前阿部紋太が担当で、紋太は委細を承知しています。彼とは熟談を済ませてあります。

文化四年（一八〇七）九月二〇日　　西山清右衛門

一　右の通り西山清右衛門が附け地のうち一貫文分の物成を受け取ることになりましたが、このたび御上様より右金今年より二ヶ年分上納するようにとの御命令です。さて、一貫文の物成を清右衛門が受け取ることにしたのは、清右衛門方にて六八切九分の立替金があるからです。このことは金主方も承知しています。御上様が今更御取り立てになられるのは筋が通りません。

右一貫文附け地の物成を清右衛門が受け取ったのは、拝借したことと意味が異なります。

同年　同月同日　阿部紋太

右の通り一貫文の御物成について事情をご説明したところ、異議なく思し召され、問題が片付きました。

同年　同月同日

清右衛門と紋太がそれぞれ左太郎に提出した書面の写しである。

甚だ御難渋の左太郎が、西山が受け取る物成金、今年と来年の二ヶ年分を上納せよと命じてきた。命令に納得できない清右衛門と紋太が、「御上様が今更御取り立てになられるのは筋が通りません」と正面から反論した。ふたりからきっぱり拒否された左太郎は「異儀なし」と返答するほかなかった。

【コラム】西山清右衛門と村肝入の論争

西山清右衛門は、文化八年（一八一一）閏二月一〇日から四月一一日まで二ヶ月間、前谷地村肝入俊治と村定受普請人足をめぐって論争し、その記録を小冊子にして後世に残しました。題して『前谷地村定受御普請御人足御積外過ニ仕候義不分ニ付、村肝入方問合欠合壱巻取都方覚』。

村定受普請とは、用水路、排水路、橋、堰、筒樋、農道などを村で毎年普請（修繕）することをいいます。藩の規定では、そのための人足を夫役として高一貫文（一〇石）につき小役人足一〇人、御雇人足四人、水下人足六人、合計二〇人出すきまりでした。それで足りないときは、代官の裁量で遣捨《つかいすて》人足を命じることになっていました。

規定ができたのは江戸時代の初め頃と思われます。寛政九年（一七九七）、仙台藩北部地域で起きた「寛政の大一揆」により、村肝入が随意に「遣捨人足」を徴発するのは禁止されたのですが、前谷地村肝入俊治は以前と変わらず「遣捨人足」を徴発したので、西山清右衛門が俊治に苦情を申し入れたのです。

西山清右衛門の「御問合《おといあわせ》」（主張）は左の通りです。

①当村の春秋の用水路、排水路の江払《えはらい》（水路の底に溜まった泥を取り除く作業）の御定人足は左の通りです。

・一一二九人　うち　水下　九〇八人

小役　二一〇人
御雇　一一人
・一六〇人　広渕大堤八ヶ村入会用水
・五六人　和渕前谷地二ヶ村入会用水
合わせて一三五五人（原文ママ）

②ところが、昨年右のほかに五〇〇〇人以上の人足が村定受普請に駆り出されました。その命令を、山岸給所では鈴木可能が口頭で伝達されました。可能の話ではその人足は「遣捨」とのことですが、その説明に納得できません。
③規定外の人足を遣うに際して、普請場ごとの見積もなく、代官の認可も受けず、我ら給所に事前の相談もなく、口頭で、村肝入から命じられるのは納得できません。
④村定受普請を村肝入と二〇人ほどの組頭どもで勝手に決めて執行するのは、納得できません。
⑤明和年中（一七六四〜七二）は元帳に引き合わせて人数の配分をするのが慣行でした。その後、寛政九年（一揆の）集会以来、春秋の江払以外の過分の人足については、代官の認可がなければ人足を指し出さない定めになったと承知しています。

村肝入俊治の「御挨拶」（回答）は次の通りです。

①当村の村定受普請の人足一三五五人は明和年中に見積もったもので、今ではその人足では到

底間に合わなくなりました。

②山岸給所の村扱役斎藤東馬殿ならびに鈴木可能殿には、普請場割付について事前にご説明をして、了解してもらったと承知しています。

西山清右衛門と村肝入俊治の論争は書簡の往復（「御問合」と「御挨拶」）によって行われましたが、容易に決着しませんでした。結局、春の農作業が始まる直前になって龍石寺が仲介に入り、次のような内容で折り合いました。

一　村定受御普請の帳面を新たに作成し、普請の内容や人足を日々記録する。
一　普請場所については御触れによって事前に周知するとともに、関係者とよく相談する。
一　普請の仕方についても、その場所ごとに関係者が立ち会い、納得の上で決める。
一　普請場ごとの所要人足の見積を書面で出す。

右の取り決めに立ち会ったのは、西山清右衛門と村肝入俊治の外、男澤権之進、遠藤与右衛門、龍石寺、山岸給所からは日野皆人、阿部紋太、御用人高橋忠左衛門、扱役鈴木可能でした。男澤と遠藤は前谷地村在住の給人と思われます。

往復書簡から、前谷地村の九割が給地であるにもかかわらず、村政について村肝入が圧倒的な権限をもっていたことがわかります。山岸左太郎は前谷地村の一割を知行していましたが、村定受普請にあたって事前に相談を受けることがなかったと言っています。

なお、論争の表舞台に立っているのは西山清右衛門ですが、村肝入側と具体的な交渉をしているのは鈴木可能と斎藤東馬です。可能は最後の取り決めにも立ち会っています。可能と東馬が清右衛門と村肝入との間に立って、合意を取りまとめたと思われます。

第三節　西山昌右衛門

文化一五年（一八一八）二月、清右衛門は鈴木可能に実務を引き継ぎ御用前を引退した。その子、昌右衛門は文政一三年（一八三〇）二月、家老本役・御用前に就いた。

西山家は代々御用前を勤める中で、西山家と山岸家の勘定が入り組んでしまう問題を抱えていた。この問題の根底には「家柄の者」が御用前を勤め、山岸の資金繰りが逼迫したときには御用前が「用立てる」という慣習があった。

昌右衛門が御用前の頃（一八三〇年代以降）、農民の階層分解が一段と進む。家中・足軽の経済力にも変化が表れる。阿部家と西山家は経済力を次第に失っていく。西山家では先代清右衛門が屋敷を売却し、昌右衛門の代には田畑を売却する。

経済力の逆転は人事にも表れる。「家並」は低くても実務に秀でた鈴木貢と斎藤喜平が御家老・御用前に就き、昌右衛門は役職から追い払われる。

封建制の基礎をなす土地保有関係が変化することにより、上下の秩序が弛緩して、権威主義的行政から現実に立脚した行政へと転換していく。

昌右衛門、家老本役・御用前就任

文政一二年（一八二九）に山岸左太郎が逝去し、跡を継いだ勝之進は借財整理を始めた。その役目を命じられた西山昌右衛門は、鈴木貢とふたりなら引き受けると返事をする。

西山昌右衛門

一　其の方は、去年我らが借財で大変難儀をしていたとき、借財の整理を申し付けたところ、ひとりでは引き請けかねるので、鈴木貢も御屋敷に呼び寄せて、ふたりにお命じいただきたいとのことであった。そこでふたりに借財整理を申し付けたところ、借財を片付けることができた。その上、左太郎逝去に際しては、仙台に上り諸用を片付けた。その行き届いた勤務ぶりは、御役目とはいいながら見事であった。よって、御賞として田代三〇〇文永代御加増する。

文政一三年（一八三〇）二月一五日

西山昌右衛門

一　其の方にこのたび、家老本役ならびに御用前を仰せ付ける旨　御意の事

ただし、役料については先例の通りに下し置く旨　御意の事

右の通り定川屋敷にて、御用人連座にて仰せ付けられ、御盃に仰せ付けられました。

昌右衛門は御用前就任にあたって、可能の子ども・貢を御用人（御用前の補佐役）に推挙した。貢は昌右衛門の期待通り、自分の知行を山岸に返納して山岸借財を整理する離れ業を演じて、山岸の資金繰りを助けた（六七頁参照）。

昌右衛門、罷免

次の記録に日付がないが、前後関係や内容から天保三年（一八三二）五月から六月頃と考えられる。ここから、新たに御用前に就いた斎藤喜平の筆跡になる。

西山昌右衛門が数々の不正を指摘されて、隠居を命じられた記録であるが、文脈からは昌右衛門が斎藤喜平や地肝入郷右衛門から反感を買っていたことがうかがえる。

西山昌右衛門

一　其の方は昨年一一月まで御用前に任じられ御知行方全体の管理を任されていたところ、同月不調法のことがあり、御用前を罷免され、跡役に斎藤喜平が任命された。

一　其の方と斎藤喜平に、去年分の御知行方勘定を今年の正月までに指し出すように申し渡したところ、御知行方勘定と昌右衛門方勘定が入り組んでいて仕分けしなければならないので、日延べをお願いしたいと申し出があった。仕方なく日延べを認めたところ、その後何度も日延べを願い出てきた。

一　今年四月、一紙にて概略の勘定を報告してきた。それを総勘定と引き合わせたところ、簿外の二両二分が出てきた。昌右衛門は、その御金は（山岸の）奥様から拝借したお金で、御用前（喜平）にお渡しするつもりだったと弁明した。

一　右金をすぐにも御用前に返すべきであるにもかかわらず、請求されても日延べしてくれと言うばかりでいまだに返さないのは、不届きである。

一　先年、前谷地村地肝入に頼んで御用金として一二切借り受けたが、昌右衛門はそれを御用金に入れず、今もって返済もしていない。その件について地肝入より訴えられて大変迷惑している。主命を売るのみならず、同役ならびに地肝入まで欺き、重々不届きである。

一　先年御当番方御用金と偽り、同役ならびに地肝入郷右衛門らから代物《しろもの》等を借り受けて質に入れたのが露見した。今更自分借り受けに直したということだが、これも畢竟上を憚らず、役柄に不似合いの所為であり、不届きである。

一　昨年、耕作者がいなくなった田（散田）を自分で耕作し、地肝入の見分も受けず一割五分の不作引きを村肝入に提出するという不正があり、地肝入より告発された。甚だ不都合である。

一　前谷地村知行の年貢不作引きに不相当なところがあると用人鈴木貢に申し入れ、御用前方の帳面を自分勝手に修正した。そもそも不作引きは、地肝入を通じて不作引願書を提出させて、それを惣役中にて吟味し、さらに（山岸に）報告の上で決定するきまりである。昌右衛門のやり方は役柄をわきまえず、不届きである。

右の条々、重々不届きである。御用金六両余を不正使用したことは明らかである。先例に基づき改易に処すべきところではあるが、其の方は旧家につき、格別の思し召しを以て、役目を解き隠居を仰せ付ける。跡式は嫡子嘉馬が田代二五〇文を以て立てなさい。
有り難く存ずべき旨　御意の事

ところが昌右衛門はこの処分に不服だったとみえて、素直に従わなかった。

昌右衛門、追放

西山昌右衛門

一　其の方は先年御用前を勤めていたとき御知行方の金子を私曲し、御仕置きされたにもかかわらず、またぞろ所々にて不法、法外の所行があったと仙台まで報告があった。右様所行の者を置いておくわけにはいかないので、住村（前谷地村）は申すに及ばず御知行五ヶ村追放を命じる旨、有り難く心得るべき旨　御意の事

「不法、法外の所行」がどのような行為を指すのか不明であるが、昌右衛門は自分が悪いことをしたとは思っていないようだ。昌右衛門にすれば、山岸の勘定と西山の勘定とが入り組むのは今に始まったことではない、山岸家と西山家は長年お互いに融通し合って遣り繰りしてきた間柄なのだ、そのどこが悪いというのか、それを急にきちんと仕分けしろとはそれこそ不届きでござろう、という気持ちなのだろう。「またぞろ所々にて不法、法外の所行」に及んでしまったのである。

しかし時代は変化した。山岸家と西山家の勘定が入り組んだり、御用金と私費の会計を混同したり、奥様からの借入金を簿外にしたりするような会計処理では、周囲が納得しない時代になったのである。昌右衛門にはそれが理解できないようだ。

山岸は、仕置きに従わない昌右衛門に「五ヶ村追放」を命じた。もちろん背後で御用前斎藤喜平と用人鈴木貢、地肝入郷右衛門らが動いている。仙台暮らしをする山岸には何も見えていないはずなので、実際には斎藤喜平らが昌右衛門を追放したのである。

先代山岸左太郎の借財整理が一段落した（借財を返済したという意味ではない、地肝入を通じて金主と相談して資金繰りの目途がついたという意味）頃、「山岸の権力」は、山岸本人からも「家柄の者」たちからも離れて、斎藤喜平と鈴木貢らに移ったと思われる。

ところで昌右衛門に対して「有り難く心得るべき」と言っている。いわゆる「改易」ではないという意味である。財産は没収されず、昌右衛門以外の家族はそのまま居住を認められたのである。昌右衛門も実際のところ、前谷地村近辺の親戚か知人宅にしばらく身を寄せた程度だった。彼はこのあと『御用留』に再登場する。

【コラム】領主刑罰権

封建領主は領内の人民に対して刑罰権をもつという法観念がありました。たとえば江戸時代初期に幕府が大名を改易にしたり、大名が家臣に切腹を申し付けたりすることがたびたびありましたが、その根拠は領主刑罰権でした。山岸も「封建領主」として家中に「改易」「五ヶ村所払」などと大げさな「沙汰」をたびたび言い渡しますが、実際に田畑を没収したり、村から追放したりした形跡はまったくありません。

家中・足軽、給所百姓が田畑や屋敷を所持する権利は、検地によって一三〇年前に藩から公認されたのですから、領主といえども改易と称してそれを没収するのは不可能なのです。荒れ地を切添したり開田したりした場合でも、自分の費用で開発し、長年公然と耕作していれば、未検地でも所持権が認められました。すなわち、田畑の所持権は藩の法令や村の慣習によって保証されていたのです。

山岸は農民に刑罰を加えていません。「封建領主」なら領内の農民に刑罰を加えることができそうなものですが、五代将軍綱吉の「生類憐れみの令」（元禄一四年（一六八五））をきっかけに、幕府が諸藩の法と裁判に対し監視を強めたので、仙台藩では領内の裁判権を一本化する必要に迫られました。幕府としては、「軽き身分」の者が裁判や刑罰を行うことを問題視したのです。そこで仙台藩では元文元年（一七三六）、大身の給人にのみ給所百姓に対して戸結（三〇日まで）・縄かけ・押し込めの三ヶ条を許し、それ以外の給人には一切の刑罰を禁じました。

つまり、本書で領主山岸が刑罰権を行使しているように見えますが、じつは人事を言い渡しているだけなのです。したがって、改易や追放などを命じられても、「上様」の怒りが収まるまで親戚などに身を寄せる程度で済まされたようです。

田地の二重取引

五ヶ村追放になった西山昌右衛門が七年後『御用留』に再登場する。昌右衛門が質地年限の明けない（借金の返済が済んでいない）田地を、別人に売り渡すという問題を起こしたのである。

一 西山昌右衛門は、先年、中割（小字名）に所持する田代一八二文の田地を喜惣右衛門に質入れした。その後、右田地を市左衛門に永代に売り渡したところ、喜惣右衛門より質地年限が明けていないと、苦情を言ってきた。

そこで昌右衛門は、三番割（小字名）に所持する田代二九一文の田地を、六五文は鈴木貢へ五石に入れ、一二二文は喜惣右衛門へ三石に入れ、残り一〇四文は年限中三石銘とした。

天保一〇年（一八三九）三月

昌右衛門は経済的にかなり追い詰められている。順を追って事実関係を整理してみる。

①西山昌右衛門は中割の一八二文（一石八斗二升）の田地を質入れして喜惣右衛門から金を借りた。
②喜惣右衛門はその田地から上がる収穫で元金と利息を回収していた。
③昌右衛門は質地年限が明けないうちに、当該田地を市左衛門に永代に売り渡したので、喜惣右衛門が苦情を言ってきた。
④そこで昌右衛門は、次のように対処した。

・中割一八二文の田地は市左衛門に永代に売り渡した（すなわち市左衛門と結んだ永代売買契約を取り消さなかった）。
・喜惣右衛門の借金の残金を返済するために三番割の二九一文（二石九斗一升）のうち、六五文を鈴木貢に質入れし、一二二文を喜惣右衛門に質入れした。残り一〇四文も、質入れして借財の精算に充てた。

昌右衛門が質地年限が明けない土地を市左衛門に売り渡したことが問題の発端である。質入れでも売り渡しでも実際に田地を相手方に引き渡すのが原則である。そうすれば周囲の人に土地の権利が動いたことがはっきりわかり、二重取引防止になる。ところが、右の取引では質入れの際に引き渡しが行われなかったために二重に取引してしまったようである。

なお、寛文七年（一六六七）『桃生郡深谷前谷地村御検地帳』に山岸傳三郎家中清左衛門の名請地として中割の中田一八二文が登録されている。昌右衛門は、西山家が一七二年間所持し続けてきた中割の田地をついに手放し、その上三番割りの田地まで質入れしたのだった。

この記録では、昌右衛門が田地を「永代に売り渡した」ことに注目したい。昌右衛門が田地を永代売りできたのは、前年、田畑の売買が公認された（八四頁）からであるが、陪臣を含めて農民が田地の「所有者」と社会的に認識されるようになった結果でもある。一方、領主山岸は知行地の所有者とは認識されていない。山岸は知行地の管理と年貢賦課・収納の権限を与えられたに過ぎず、年貢を質入れすることができても、知行地を「売る」ことはできなかった。

山岸、真野村・蛇田村御百姓より借金

山岸勝之進が真野村と蛇田村の百姓らから借金した記録である。借金は江戸参勤の費用と前谷地屋敷修繕に充てられたと思われる。

一 弘化三年（一八四六）七月、牡鹿郡真野村と同郡蛇田村の百姓らに金二一〇切半と銭三六八文を借りたので、その返済のために両村の知行三貫二〇〇文の地所を、返済が済むまで、御代官様に渡し置きました。御代官様は名生源右衛門様です。以上

弘化四年（一八四七）七月二九日　西山昌右衛門　御用前中

山岸は真野村と蛇田村の御百姓らから約五〇両借りて、その返済に充てるため両村の知行を代官（牡鹿郡石巻代官所）に預けた記録である。このとき山岸は両村に地肝入を置いていなかったのであろう。そのために年貢徴収を代官に依頼したと思われる。代官は真野村と蛇田村の村肝入に命じて、山岸知行所から年貢を徴収したと考えられる。

天保の飢饉で大打撃を受けた真野村と蛇田村であるが、それから九年後、両村の富裕層は山岸に金五〇両を貸し出すほど蓄財したことがわかる。

金主は篤農家ではなく在地の商人（身分は百姓）と思われる。真野村は真野川・北上川を利用して石巻に材木、薪などを供給していた。蛇田村も北上川の水運や仙台に通じる陸運によって発展途上だったから、農業以外を生業《なりわい》とする農民が急成長して、山岸の金主を引き受けたと考えられる。

なお、このとき真野村と蛇田村の農民から借りた五〇両余は、一〇年足らずの間に返済している。

【コラム】年貢収納は村仕事

仙台藩では地方知行制だったので、年貢の村請（村として年貢納入を請け負うこと）は行われませんでした。したがって村肝入は蔵入地からのみ年貢を収納し、給地は給人が自分で収納するきまりでした。しかし右の記録では、山岸から年貢の収納を依頼された代官が、依頼に応じています。なぜでしょうか。

給人が給所から年貢を取り立てる仕事は「村仕事（公務）」と考えられていたからです。給人が給所を支配する行為がそもそも公務であって、給所を管理する地肝入と蔵入地を管理する村肝入とはいわば公務を分担し合う関係なのです。遠方に居住する給人がわずかばかりの給所に地肝入を置くのは不経済なので、給人の依頼によって代官が年貢の収納を引き受けたのです。

昌右衛門在職中の不正を糾明

西山昌右衛門は弘化五年（一八四八）二月に死去した。斎藤喜平は昌右衛門が亡くなるやいなや、昌右衛門在職中の諸帳簿を点検して、昌右衛門の不正を糾明しようとした。

佐藤六郎兵衛

一　其の方は親類西山嘉馬宅に行き、同人父昌右衛門存命中に御用物を取り出して見たそうであるが、それがために諸冊紛失したとのことである。五人組であろうと親類であろうと大切な御用物を持ち出すことは禁じられている。それをわきまえず持ち出したのは不都合である。厳しく吟味すべきところであるが、このたびのことは吟味に及ばない。今後このようなことがないように心得なさい。

弘化五年三月

西山嘉馬

一　其の方の父昌右衛門が御用前在職中、御物成金一〇〇切余使い込み、そのために御上様の生活に支障を来すほどであった。右金は厳しく取り立てるべきところであるが、昌右衛門が死亡したので、同人在職中に与えた御知行二五〇文を召し上げる。

弘化五年三月

御用前斎藤喜平は昌右衛門死去の直後、諸帳簿を押さえて不正（使い込み）を糾明しようとしたが、証拠となる諸冊子が見つからなかった。事前に喜平の動きを察知した嘉馬が、証拠となる諸帳簿を親類の佐藤六郎兵衛に依頼して運び出したようである。そのような妨害工作にもかかわらず、喜平は「昌右衛門使い込み一〇〇切余」と断定し、嘉馬から知行二五〇文を取り上げた。佐藤六郎兵衛は証拠不十分で、「注意」だけであった。

西山嘉馬、家中の末席に落ちる

昌右衛門死去の翌年（嘉永二年〔一八四九〕）、山岸勝之進は前谷地村の屋敷を普請した。左は、そのときの記録を基に家中の序列を再現したものである。知行を召し上げられた西山嘉馬は家中の末席に落とされた。

斎藤喜平
日野儀兵衛
阿部太蔵
鈴木隼太
高橋忠七
支倉進
佐藤六郎兵衛
鈴木仲蔵
西山徳治
吉田新助
西山嘉馬
　養作

嘉永二年正月一五日

右の一二人が嘉永二年時点の正式な家臣（家中と足軽）である。人数は寛文七年（一六六七）とまったく同数である。西山家はこれ以降明治を迎えるまで、山岸家中で役職に就くことはなかった。

西山家にみる封建社会の崩壊

西山家三代（忠兵衛、清右衛門、昌右衛門）は、身分秩序が崩壊する中で苦難の連続であった。清右衛門は身分秩序を守るために「家並の言い渡し」「脇差と扇子」「替名」「馬術の稽古」「御挨拶」など封建的しきたりを維持することに腐心したが、結局は実務能力に長けた鈴木可能と斎藤東馬に協力を仰がざるを得なかった。清右衛門が引退した後、山岸家の実権は西山家から離れ、鈴木家と斎藤家に移った。鈴木家と斎藤家は、伝統よりも合理性を重視した。

西山家は農業経営にも行き詰まり、家屋敷と田畑の一部を手放した。幕末期、農民の富裕層が台頭する中で、家柄を誇る西山家は社会的にも経済的にも追い詰められていった。

第三章

斎藤家の幕末

激動の時代を乗り越えた近代的行政官

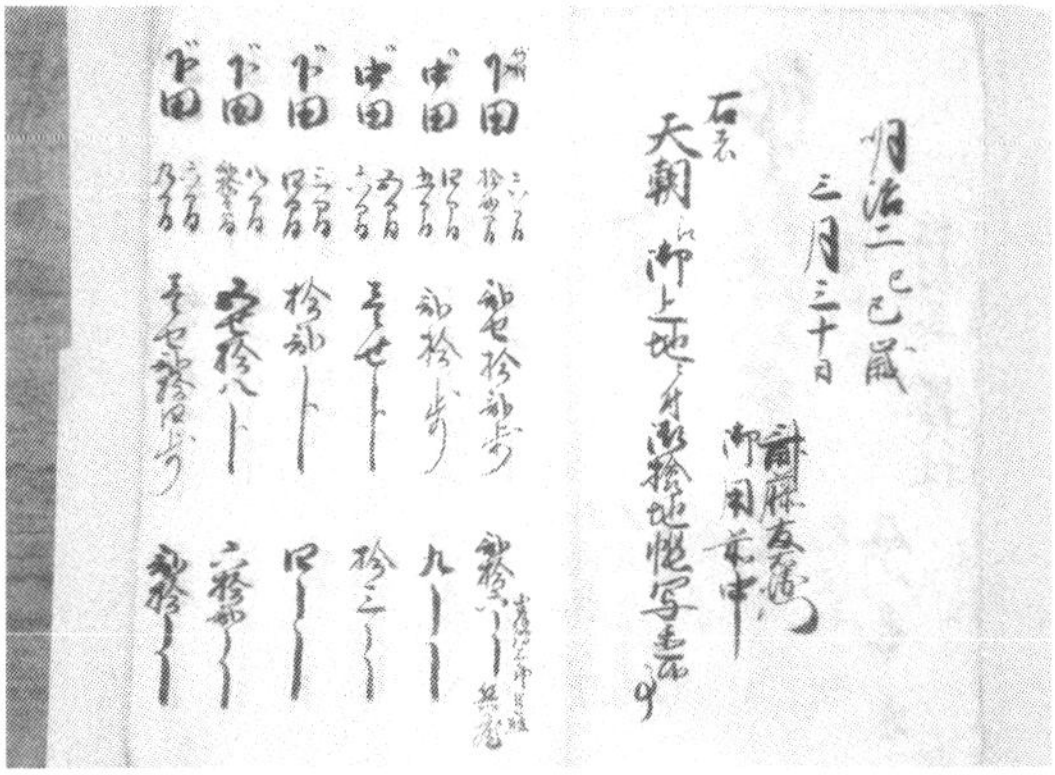

斎藤友右衛門が筆写した検地帳。次頁で解説（仙台市博物館所蔵）

戊辰戦争に敗れた仙台藩は、明治二年（一八六九）三月、薩長土肥の四藩にならって朝廷へ版籍奉還を願い出た。山岸家最後の御用前、斎藤友右衛門は、山岸の知行を「天朝へ上地」するため、寛文七年（一六六七）の前谷地村検地帳をそっくりそのまま筆写して提出した。

友右衛門が上知のために筆写した真野村検地帳も現存するので、友右衛門は山岸知行五ヶ村について同様の手続きをしたと思われる。

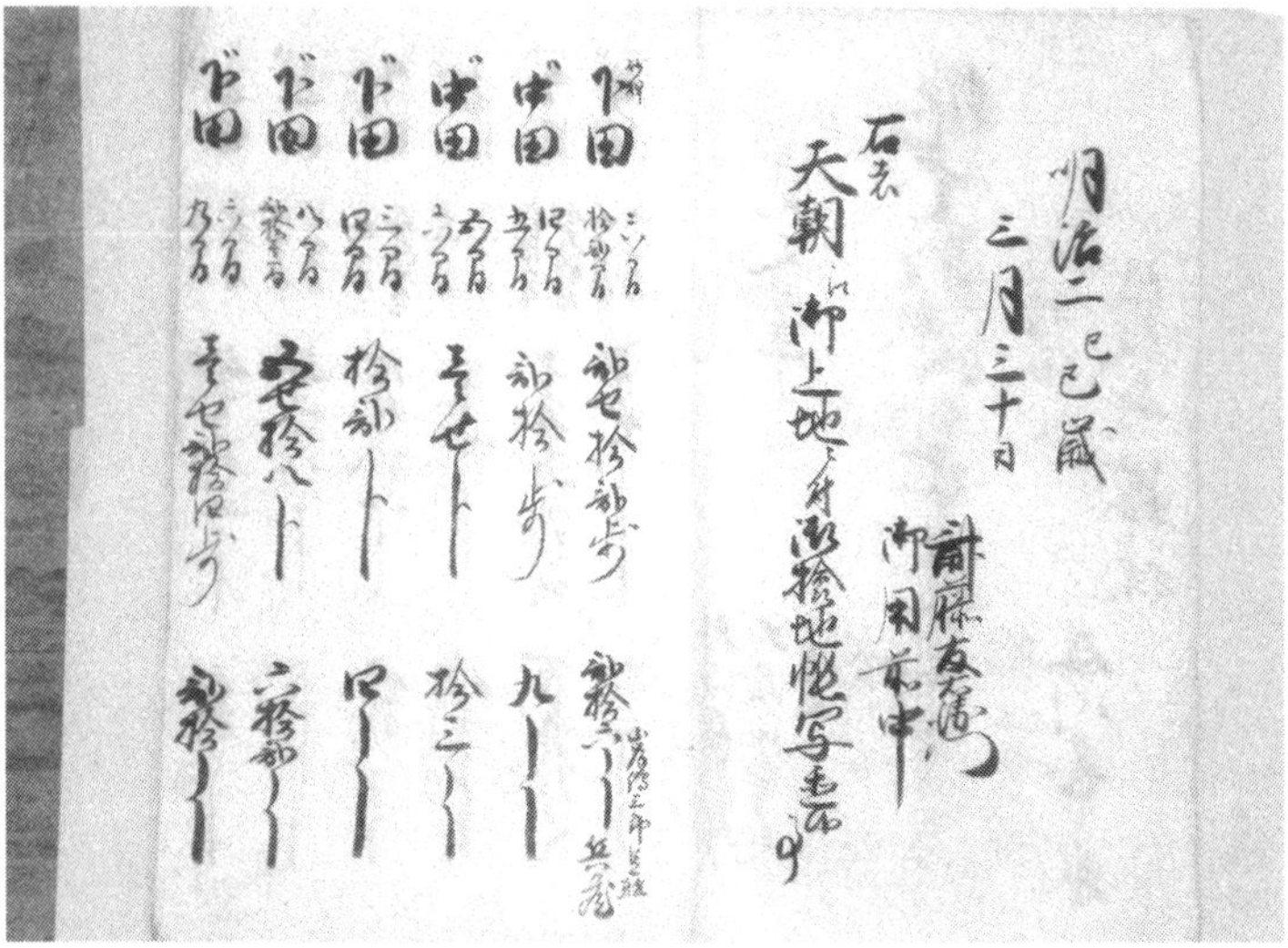

明治二己巳歳
三月三十日
齋藤友右衛門
御用前中

右者
天朝江御上地ニ付御検地帳写置候事

砂押
下田　六間　拾弐間　弐セ(畝)拾弐歩　弐拾六文　山岸傳三郎足軽　兵蔵
中〃田　四間　五間　弐拾歩　九文
中〃田　五間　六間　壱セ(畝)歩　拾三文
下〃田　三間　四間　拾弐歩　四文
下〃田　八間　弐拾壱間　五セ(畝)拾八歩　六拾弐文
下〃田　六間　九間　壱セ(畝)弐拾四歩　弐拾文

本章は一八〇〇年時点で家並が下から三番目の斎藤家三代、東馬、喜平、友右衛門の記録である。斎藤東馬は鈴木可能と同様、家格が低いにもかかわらず、その才能と行動力によって御用人・財用方に取り立てられた。東馬の子、喜平は家来役・御用前に出世して山岸家の人事と財用方の実権を握り、天保の大飢饉で疲弊した村の復興に尽力した。その子、友右衛門も父の跡を継いで御用前に就き、幕末の激動を乗り越え、明治二年（一八六九）三月、山岸家の前谷地村知行二九五石余を「天朝に上地」した。

斎藤家親子三代が権威主義的統治から脱却して近代的行政官へと変身していく物語をみていこう。

第一節　斎藤東馬

東馬が『御用留』に登場するのは、享和二年（一八〇二）六月である。金策に失敗した阿部紋太と西山清右衛門が罷免されて、日野義兵衛が家老役に就いたとき、東馬は義兵衛の補佐役（御用人・御財用方）に取り立てられた。その後、斎藤家と日野家の立場が逆転するが、日野家は明治を迎えるまで常に斎藤家の後ろ盾となった。

「家柄の者」との対立

文化二年（一八〇五）二月、斎藤東馬と鈴木可能が、家老役の西山清右衛門と阿部紋太の失脚を図った罪で処罰された。そのときふたりは「一味同心」と見なされたが、東馬については「確かな証拠がなく」、軽い謹慎処分で済まされた（五九頁参照）。

案ずるに、証拠云々の問題ではなかったようである。東馬と可能は「家柄の者」の支配に批判的な御徒組のリーダー格だったので、常日頃からふたりは「家柄の者」に目を付けられていたのだろう。しかし、実務を取り仕切る西山清右衛門にとってふたりはなくてはならない人物だったので、完全に役目から外すことができなかったと思われる。

身分相応に諸事心がける事

東馬の性格、人柄を彷彿とさせる記録である。

斎藤東馬

一 其の方に御村扱役を命じる。併せて御相続向（山岸財政）の担当も命じる。出精相励み勤仕しなさい。これまで前例がないけれども、御村扱役と御相続向をともに担当する勤方なので、右御役料として七〇文下し置く旨　御意の事

ただし、右御用向きは先輩の役方へ何分馴合い仕事を進めること。不明の御用筋があれば、御家老どもに尋ねること。もちろん御家老は申すに及ばず御用人どもに対しても無礼がないように言動を慎むこと。身分相応に諸事心がける事。

文化五年（一八〇八）一月一三日

東馬は御村扱役ならびに御相続向就任に当たって、先輩の役方によく馴れ親しむように、独断で御用を

処理しないように、何事も御家老の意向を確認するように、御家老はじめ御用人方に無礼がないように、身分相応に振る舞うようにと、くどいほど念を押された。一八〇二年六月から一八〇五年二月まで御用人・御財用方を務めたときの勤務態度があまりに芳しくなかったので、右のような「但《ただ》し書き」が付いたのだろう。

「これまで（御村扱役と御相続向の両方を兼務した）前例がない」と言っている。村扱役は村肝入や組頭との折衝役（対外的任務）で、御相続向は財政担当（対内的任務）である。前例がないにもかかわらず、東馬が重要な任務を両方とも担当することになった。要するに東馬以外に仕事を任せられる人物がいなかったのであろう。

算筆の才能に秀でた鈴木可能は、まだ処分が解かれていない。可能の処分が解除されるのは三年後である。それまで御用前日野義兵衛が東馬のサポートを受けながら、御家中の支配と知行所の管理をしていく。

村定受普請論争での活躍

文化八年（一八一一）、御用前に返り咲いた西山清右衛門が、前谷地村肝入俊治と村定受御普請（灌漑設備等の維持管理）の人足をめぐって論争する（一四四頁コラム参照）。そのとき村肝入との交渉を担当したのが村扱役である。東馬はそれ以前から村扱役を勤めていたが、鈴木可能もこのタイミングで処分を解除され村扱役として交渉に加わる。

村肝入俊治は論争の中で「山岸給所の村扱役斎藤東馬殿ならびに鈴木可能殿には、普請場割付について事前にご説明をして、了解してもらったと承知しています」と回答しているので、東馬と可能が交渉担当であることが確認できる。

二ヶ月間続いた論争は、春の農作業が始まる直前に龍石寺が仲介して決着した。西山清右衛門の主張がほぼ通ったかたちであった。清右衛門は自分の手柄のように記録しているが、東馬と可能の働きが大きかったと思われる。

第二節　斎藤喜平

東馬の子、喜平は天明八年（一七八八）に生まれ、安政五年（一八五八）六月二四日、享年七一歳（数え年）で没した。鈴木可能より一九歳年下で、鈴木貢とほぼ同じ年齢と思われる。

喜平は天保二年（一八三一）から亡くなるまで二八年間、御家来役（以前の御家老役）と御用前を勤めた。前半の一一年間は鈴木貢と二人三脚であったが、貢が引退した後は喜平の独壇場だった。

喜平には二つの課題があった。一つは、古い統治のあり方（家柄による権威主義的統治・前例踏襲の統治）を改めることであった。それを実現するために、彼は西山昌右衛門を徹底して役職から排除した。もう一つは給所の運営、とりわけ天保の大飢饉で荒廃した堀口村給所の立て直しが急務であった。

役人見習い

文政一二年（一八二九）山岸左太郎が逝去して勝之進が家督を継いだ。翌年春、勝之進は御家中の人事を次のように言い渡した。

家老本役ならびに御用前　西山昌右衛門
御用人ならびに御目付役　鈴木貢

斎藤喜平はこのとき役職に就くことができなかったが、「御賞」にあずかった。

斎藤喜平
一　其の方は、我らが部屋住みだったとき御難渋の整理をしたので、このたび思し召しを以て御賞として田代一五〇文下し置く　御意の事
ただし、文政一三年（一八三〇）閏三月一五日　定川屋敷にて御盃に仰せ付けられる。

このとき山岸勝之進はわざわざ仙台から下ってきて、昌右衛門、貢、喜平の三人に定川屋敷（山岸屋敷）で人事を言い渡し、御賞を授け、「御盃」ごとをした。

「我らが部屋住みだったとき」とは、先代が存命中で現当主勝之進が家督相続する前という意味である。「御難渋」は先代の難渋のことである。すなわち山岸の借財整理は先代存命中から始まった。

斎藤喜平は無役ではあるが、先代存命中、おそらく文政一〇年頃から「御難渋の整理」を始めたようである。喜平は西山昌右衛門の下で役人見習いとして勤務を始めたのである。

西山昌右衛門を追放

斎藤喜平は、文政一三年（一八三〇）閏三月に役職に就き、天保二年（一八三一）一一月、山岸勝之進、御用前鈴木貢、地肝入郷右衛門の協力を得て、御用前西山昌右衛門を罷免し、追放した。このとき、喜平は昌右衛門の後任として御用前に就いた。

斎藤喜平による西山昌右衛門の追放は、世襲的な人事の廃止と前例踏襲的行政の終了を宣言するものであった。

文書による行政

天保二年（一八三一）から天保一二年（一八四一）まで一一年間、斎藤喜平と鈴木貢の御用前ふたり体制が続く。喜平が年貢の減免など給所の管理を担当し、貢が山岸財政（資金繰り）と家中の監督を担当した。ふたりは家格が最下位の御徒組であったので権威主義的発想をしなかった。明確に仕事分担したこともあって、ふたりの関係は友好的で安定していた。ふたりに対する山岸勝之進の信頼は絶大であった。一八三一年以降、山岸家中での主導権争いがぴたりと止まった。

喜平の課題は、前例を踏まえつつも現実に即して合理的に問題処理することであった。

喜平は、堀口村知行所の年貢の減免、上地への対応、散田の処理、困窮化した農民の救済などに関して大量の記録を残した。

農民からの願書はすべて現地で任命した地肝入から御用前の喜平のもとに上がってくる。事案によっては喜平と地肝入との間で何度も交渉を重ねたと考えられるが、『御用留』にはその交渉過程は記録されず、農民からの願書とそれに対する回答のみが記された。

右のような限界があるにしても行政の記録を残すことは、行政の透明性を高め公平な行政を保証することにつながる。上司や同僚との信頼関係を築く上でも、農民から信頼されるためにも記録は不可欠である。反対に、記録に基づかない行政は後の検証を不可能にするので、どうしても恣意的になってしまう。ちなみに西山清右衛門・昌右衛門親子は『御用留』に年貢の減免や困窮化した農民の救済など、給所運営に関する記録をまったく残さなかった。彼らの関心事は「人事」と「事件」と「資金繰り」だけであった。「給所の運営」は前例踏襲でやっている限り、記録に値しないと考えたのであろう。

なお、一八三〇年代から一時期「御家老」を「御家来役」と呼ぶようになるが、実質的には同じ役柄と思われる。御用前の名称はそのまま幕末まで変化しない。

それでは、次に喜平の給所運営をみていく。

田を畑に変更願

前谷地村の御百姓与市右衛門が、地肝入郷右衛門を通じて田を畑に変更したい旨の願書を出してきた。

深谷前谷地村御知行御百姓与市右衛門

恐れ乍ら願奉り候御事

高田代三一文

ただし、御銘五石（年貢率五割）の田を、一四切銘（畑代一貫文につき一四切の年貢）の畑に変更して下さいますようお願いします。右の土地は久根添《くね》（山沿い）にあり、用水がほとんど廻ってこないため、稲を植え付けても三年連続で実を結びませんでした。そこで、畑に変更していただき、野菜などを作りたいと存じます。

現在、右の土地は「荒れ地」と認定され年貢免除となっています。畑に変更していただければ、年貢を納めることができますので、御地頭（山岸）様の御利益にもなります。

右の通りで御座います。御憐愍を以て御吟味下さいまして、願の通り畑作を御許可下さいますよう親類・組合連名を以てかくの如くお願いします。　以上

天保四年（一八三三）正月　前谷地村御百姓

願申上人　与市右衛門

同　親類　太蔵

同　組合　幸右衛門

同　組頭　太郎右衛門

利喜蔵

地肝入　郷右衛門殿

右の通り申請がありました。仙台に報告し上様の許可を得ましたので、惣役人中連名にて許可を申し渡しました。

天保四年二月二八日　斎藤喜平　御用前

与市右衛門が地目変更を申請してきた水田は田代三一文である。面積にすると二畝（六〇坪）ないし三畝（九〇坪）ほど。このわずかばかりの水田の地目変更願を、喜平は仙台在住の山岸勝之進に文書で報告するとともに、「惣役人中」にも書類を回して連署してもらった。大変丁寧で、且つ、公明正大な仕事ぶりである。しかも正月の申請に対して二月末に申し渡している。迅速な仕事ぶりである。

視点を変えて地目変更処理について検討する。田を畑に変更するに際して山岸家の内部で最終処理し、村肝入に報告していない。仙台藩実高一〇〇万石のうち、家臣に与えた給地が六二万石程度といわれているので、領内の六割を占める給地について、天保の大飢饉前に、地目変更が藩のコントロール外に置かれるようになったことが確認できる。

困窮した百姓への支援

困窮した堀口村御百姓への手当支給と銘下げ（年貢引き下げ）の記録である。

堀口村御百姓　平右衛門

高田代三六九文　六石九斗八升銘

右同人から長年困窮しているとのことで、手当願が提出された。異議なきことなので、当丑年より卯《う》年まで向こう三ヶ年、玄米一俵を御手当として与える。

天保一二年（一八四一）二月一九日　　仮扱役　斎藤友右衛門

斎藤喜平

地肝入　圓蔵殿

堀口村御百姓　石松

高田代三九三文　六石九斗八升銘

右同人から極めて難渋とのことで、銘下げ願が提出された。右同人はこれまで御恩を忘れず仕事に精進してきた由につき、異議なきことなので、当丑年より卯年まで向こう三ヶ年、五石銘に銘下げする。

天保一二年三月一〇日　仮扱役　斎藤友右衛門

家来　斎藤喜平

地肝入　圓蔵殿

平右衛門には、「長年困窮」しているので向こう三年間玄米一俵（五斗）の手当を与えた。慈悲深い話のようであるが、平右衛門は田代三六九文の田地に六石九斗八升銘（収穫高の六九・八％）の年貢を課せられているから、毎年玄米二石五斗七升を年貢として納入する勘定になる。玄米一俵（五斗）を手当として支給されても、二石五斗七升の年貢が二石七升になるだけで、その年貢率は五六・一％である。

銘下げのほうも「極めて難渋」の石松に対して、六九・八％の年貢を五〇・〇％にする内容であるから、決して慈悲深い話ではない。

【コラム】銘付《めいづけ》と年貢率

銘とは年貢率のことです。たとえば五石銘は、検地帳で生産高が一貫文（一〇石）と評価された田地に五石の年貢をかけるという意味ですから、年貢率五割を意味します。

堀口村の「六石九斗八升銘（年貢率六九・八％）」という数字について考えてみましょう。収穫高の約七割も年貢として徴収されたのでは農民は生きていくことができませんから、この数字にはからくりがあるはずです。一般に江戸時代の実効税率は三割程度と推定されています。

では、どんなからくりがあったのでしょうか。

仙台藩士芦東山は、高一貫文（一〇石）の農家（五人家族）の家計決算表を作成し、それに意見を添えて藩に提出しました（『宮城縣史2』）。決算表では、宝暦三年（一七五三）一二月の米・大豆相場で収入と年貢・諸役負担額と生活支出を計算しています。それによると、検地帳で生産高八〇〇文（八石）と評価された田地に六石七斗五升銘（年貢率六七・五％）の年貢をかけていますが、実際の収穫高は一二石九斗六升でした。その収穫高で年貢率を計算し直すと、四一・七％になります。

検地帳が作成されたのは一七世紀半ばです。それから一〇〇年が経過して、単位面積当たりの生産高が一・六倍に増えたのですが、検地帳の数字を修正しないで、税率で調整したのです。

また、検地のとき三畝（九〇坪）と登録された田地がその後に切添などで五畝（一五〇坪）に拡張されたときなども、検地帳の面積や生産高を書き換えず、税率を上げて調整したようです。

堀口村上地の田地、再耕作

天保の大飢饉をきっかけに上地（返納）した田地二一三文（約二反・六〇〇坪）を再耕作したいと願い出た記録である。「内上地」と表現しているが、藩に返納することを上地、給人に返納することを内上地と使い分けたようである。

堀口村御百姓　源太夫

一　源太夫は田代二一三文の田地を、先年凶作後、内上地を願い出ましたので、散田として処理しましたが、このたび先年の通り耕作したいので同人持高にお戻しいただきたい、ついては今後五年間御手当米を一年に五斗ずつ支給していただきたいとの願書を提出してきました。
右願の趣旨はやむを得ないことと思い、主人方（山岸）に詳細を報告したところ、当年亥の年より卯の年まで一年に米四斗ずつ、向こう五年間御手当を支給する旨、申し渡された。

嘉永四年（一八五一）四月　　斎藤喜平
　　　　　　　　　　　　　　日野儀兵衛

堀口村地肝入　庄右衛門殿

耕作者がいなくなった田地を散田と呼ぶ。現在の耕作放棄地に似ていなくもない。給人山岸としては年貢が納入されなくなるので、別の耕作者を「附けたい」ところであるが、天保の大飢饉から一五年間新たな耕作者を附けることができなかった。なぜか。

農民は苦労して耕作しても「割に合わない」田地を上地したのである。したがって農民は年貢を大幅に軽減してもらえなければ、その土地を耕作しないと主張しているのだ。

農民の中には、散田となった田畑の耕作を希望する者もいたはずであるが、元耕作者が村内で「御百姓」として存続している限り、新しい耕作者を付けることはできなかった。土地は御百姓とわかちがたく結びついているので、上地しても「御百姓某の所持地」という観念は容易に消えないからである。元耕作者の家が完全に「潰れ」たときでなければ、散田に新規耕作者を附けないという慣習が確立していたようである。

元耕作者の源太夫が年間五斗ずつ五年間手当をもらうことを条件に再度耕作したいと願い出たのに対して、斎藤喜平は「一斗値切って」御手当四斗と回答した。

散田に代百姓を附ける

散田に代百姓（新たな耕作者）を附けた記録である。

山岸の堀口村知行二〇貫五五八文のうち、一貫八九九文の散田に六人の新たな耕作者を附けた。散田は、前々年の源太夫の分を含めると二貫一一二文、すなわち堀口村知行の一割に達する。堀口村では天保の大飢饉以降、農業経営に行き詰まり村を離れる農民が多かったことがわかる。

壱ノ迫堀口村御知行所散田前へ代百姓附に相成る面付

死亡　仲蔵跡地散田

高田代八七八文　　土質が改善するまで四石銘
右散田前へ同村百姓俊蔵水呑長之助を代百姓に附ける

惣助跡地散田
高九六文
　うち　田代九四文　四石銘
　　畑代二文　　八切銘
右散田前へ同村百姓幸太郎水呑種松を代百姓に附ける

行方知れず　圓之助跡地散田
高二五三文　　土質が改善するまで四石銘
畑代二八文
右散田前へ同村百姓久太郎水呑福松を代百姓に附ける

行方知れず　助五郎跡地散田
高田代二三三文　　土質が改善するまで四石銘
右散田前へ同村百姓久太郎伯父留吉を代百姓に附ける

恵助跡地散田
高田代二四五文
うち　一六六文　五石五斗銘
右土地、来る丑年より寅年まで二ヶ年五石銘
七八文　五石銘
右散田前へ同村百姓俊蔵弟五郎吉を代百姓に附ける

傳之丞跡地散田
高一九四文
うち　田代一七三文　四石銘
畑代　二一文　八切銘
右散田前へ同村百姓四平伯父留蔵を代百姓に附ける

右の通り六人の者、品々御吟味の上、代百姓に附けました。
嘉永六年（一八五三）一二月一七日　村扱役　鈴木隼太
家来　日野儀兵衛
家来　斎藤喜平

地肝入　幸太郎殿

代百姓を附けた田畑は六人分（六ヶ所ではない）である。散田化した要因は「死亡」「行方知れず」「跡地」とある。いずれも元耕作者家族が絶えるか、行方不明になるかしてしまったようである。耕地の生産高はまちまちであるが、仲蔵跡地散田は八七八文もあるので、およそ本百姓一軒分である。

代百姓として新たに耕作権を得たのは、「水呑」「伯父」「弟」である。彼らは「厄介」と呼ばれ、主家の父や兄に従属する存在だったので、優先的に耕作地を与えられたと考えられる。幕末期になると、「厄介者」「半人前」と差別される存在をひとりでも減らそうという考え方が広まったと推測される。

幕末期の平等願望には、百姓身分の者の武士への「身上がり」願望と、百姓身分をもたない者の「百姓願望」があった。共通しているのはどちらも身上がり願望であり、被差別者の平等願望であったという点である。こうした民衆の願望は、明治維新の四民平等に連なる。

なお、散田に代百姓を附けるのは、村肝入や地肝入の仕事であるが、誰を代百姓にするかについては村人の同意を必要としたようである。書類上では、斎藤喜平が「右の通り六人の者、品々御吟味の上、代百姓に附けました」と言っているが、地肝入幸太郎の申請を承認したに過ぎない。ともあれ斎藤喜平としては、来年から年貢の収納高が増えることになるので、「一働きした」と充実感を味わったことであろう。

なお、この文書では「御百姓」ではなく「百姓」と表記されている。御百姓の公民意識が薄らいだことがうかがえる。

【コラム】前谷地村と堀口村

山岸氏は前谷地村に約二九五石、堀口村に約二〇〇石の知行を有していましたが、『御用留』の農政に関する記録はほとんどが堀口村関係です。堀口村が天保の大飢饉によって大打撃を受けすっかり荒廃してしまい、御用前斎藤喜平にとって堀口村給所の復興が大きな課題だったからと思われます。前谷地村も天保の大飢饉で打撃を受けましたが、その後すぐに立ち直ったようです。その違いは両村の立地条件から生じたと考えられます。

①地形的な条件――堀口村は迫川中流域に位置し、大雨が降るとすぐ洪水が起きるのに対して、前谷地村は北上川と江合川の最下流域で、随所に設けられた遊水地のお陰で比較的洪水が起きにくかった。

②水源――堀口村は迫川上流で用水路に取水するが、晴天が続くとすぐ渇水になる。前谷地村の水源は出来川の最下流にできた巨大な名鰭沼である。一〇〇年間水不足になったことがない。

③経営規模――堀口村は新田開発の適地が少なく経営規模の拡大が困難だったのに対して、前谷地村は大新田開発によって誕生した村で、村の誕生当初から一農家当たりの経営規模が大きく、経営が安定していた。

右のような事情から堀口村では天保の飢饉以降、耕作地を放棄して村を離れる者、田畑を上地する者、農業経営に行き詰まり潰れ百姓になる者などが続出しましたが、前谷地村では逃散や上知、潰れ百姓などはほとんどなかったようです。

畑年貢の減税

堀口村の畑年貢を軽減した記録である。畑は大豆を栽培することを前提に課税され、原則金納である。記録では大豆二石五斗用捨すると言っているが、一貫文（中畑で二町五反・七五〇〇坪）につき年貢の大豆二石五斗を軽減するという意味である。

壱ノ迫村百姓中　畑代所持の者　願い出で候につき下知申し渡し候事

一　このたび百姓らより、今年干魃《かんばつ》により畑作物不熟故、年貢減免の願書が提出されました。

そもそも右様の不熟であるならば、八月中に願書を出すべきである。それであれば現地を見分して年貢を用捨することもできるが、収穫も終わり年貢上納月になってから右様の願が出ても、吟味することができない。

しかしながら、今年は近年稀に見る干魃なので、今年に限り大豆二石五斗御用捨する。

よって、下知申し渡す。以上

嘉永六年一一月九日　斎藤喜平

地肝入　幸太郎殿

当時一貫文の畑で大豆一五石ほど収穫できたと推測される。年貢率四割とすると上納すべきは六石。二石五斗を用捨すると上納高は三石五斗となり、四割ほど減税した計算になる。

上納月になってから「壱ノ迫村百姓中（壱ノ迫川流域の村々の百姓たち）」がこぞって年貢の減免を願い出た。斎藤喜平が言う通り収穫後に干魃を理由に年貢減免願を提出されても現地確認ができないので、「以ての外」と腹を立てるところであるが、そういうわけにはいかない事態だった。壱ノ迫地区の村々が団結して各村肝入やそれぞれの給人に一斉に願書を提出し「減税」を勝ち取ったのである。

ところで、「壱ノ迫村百姓中」「このたび百姓らより」と、先の文書同様「百姓」に「御」がつけられていない。江戸時代の文書に「百姓」と出てくることは滅多にない。幕末、「御百姓」の公民意識が薄れたことがわかる。

上地した畑の年貢交渉

次も畑年貢に関する記録である。堀口村百姓新作は巧妙に駆け引きをしている。

堀口村百姓　新作

一　高畑代一五〇文　　三分半一

右地はこれまで散田であったが、もともとは其の方の持高であり、其の方が上地した土地であるから、其の方の持添高にしても差し支えない。

右地は大豆七斗七升の出来高が見込まれる。其の方は散田を起こし返すにあたり、御手当として三斗ずつ五年間支給してもらいたいと願い出てきたが、当年より二斗五升ずつ、三年間御手当を支給するので、これから百姓仕事に精を出しなさい。

右様、下知申し渡しました。

嘉永六年一一月九日　斎藤喜平
地肝入　幸太郎殿

当該の畑はもともと新作の所持地であったが、耕しても年貢を上納すると手もとにはほとんど残らなかったのであろう。新作は畑を上地した。しかし散田化した畑を耕したいという者は現れない。そこで新作はその畑を「持添地（自分の才覚で得た土地）」にしたいと言い出した。本来の年貢率は三分半一（標準生産高の三・五分の一）であるが、五年間大豆三斗を手当として支給してもらいたいと願書を提出してきた。斎藤喜平はそれに対して、五升値切って、三年間二斗五升を手当として支給すると回答した。

上地した畑を耕作したいと言い出す者がいなかったところがポイントである。この年貢率では耕作できないと上地して頑張っている新作を、村人がこぞって応援しているのである。上地された田畑を別人が耕作するのは、村人の団結を破ることであり、村人への裏切りになる。元耕作者の「家」が存続している限り、その家の耕作権が最大限尊重されるのが、村の規範であった。

農民の上地に対して給人は年貢を減免する以外、方法がなかった。

孫初治、散田起こし返しにつき銘下げ要求

祖父の代に上地した田地を、孫が起こし返しをしたいと願い出た記録である。

恐れ乍ら願奉り候御事

高田代二二八文　本銘六石九斗八升

壱ノ迫堀口村御百姓永治　孫　初治持高

祖父永治は、人手がなくて田を耕すことができず極貧になり、先年仕方なく右土地を上地しましたので、右土地は散田になってしまいました。

今年から、右土地を拙者初治が耕させていただきたいと存じます。つきましては、当寅年より午年まで五ヶ年間、四石銘に銘下げして下さいますようお願いします。今後、御年貢諸役は少しも滞らないようにしますので、御憐愍を以て願の如く御下知成し下されたく、親類五人組連判を以てお願いします。以上

嘉永七年（一八五四）正月

同村御百姓　初治

〃　親類　藤五郎

〃　五人組　巳之蔵

〃　〃　茂左衛門

〃　〃　弥作

〃　〃　運治郎

〃　六蔵
〃　忠作
〃　巳代蔵
地肝入　幸太郎殿

右の通り願書が提出されましたので、願の通り下知して下さいますようお願いします。
同年同月　地肝入　幸太郎
日野儀兵衛様
鈴木　隼太様

一　百姓初治持高のうち、高田代二二八文本銘六石九斗八升のところは、先年祖父永治が人手がなくて耕作できず上地した土地ですが、右の通り、孫初治が耕作したいと願い出てきました。願の通り当寅年より午年まで五ヶ年間、四石銘を以て今後年貢諸役ともに滞りなく上納するように下知申し渡します。以上
嘉永七年正月一五日　山岸傳三郎内　斎藤喜平
地肝入　幸太郎殿

初治の家族構成を考えてみる。

祖父永治は人手がなくて田を耕すことができないと言っているので、初治の両親はいないと思われる。早世したか、もしくは子どもを祖父に預けて村を離れたのであろう。

祖父は極貧の中で必死に孫を育てた。「御百姓初治」とあるので、祖父は潰れ百姓にならずに頑張り通したのである。孫は成人し「御百姓」となり、親類、五人組の援助のもと、散田の起こし返しを申請した。その際、年貢の大幅な引き下げを要求して、認めさせたのである。

嘉永四年から同七年にかけて堀口村で散田起こし返しが続いた。この時期、冷害や洪水がなかったので村の復興が進んだようである。

なお、この記録以降、「山岸傳三郎」になる。勝之進が死去して傳三郎に代替わりした可能性もあるが、勝之進が傳三郎と改名したとも考えられる。「傳三郎」は、前谷地村に知行二九五石余を給付された山岸初代の名前である。

御家来役に御賞

小正月に家来役三人が御賞にあずかった記録である。

日野儀兵衛
斎藤喜平
鈴木隼太

一　昨年は大干魃であったが、其の方どもが知行所の管理にとりわけ努力したので、すべての田畑に植え付けすることができ、干魃の被害がほとんどなかった。幸いなことに御手伝御免になり、金主方も例年通り今年も当家（山岸）の生活の遣り繰りを保証してくれることになった。其の方どもは御家来役とはいいながら、行き届いた勤務ぶりである。

よって、御賞として手形三〇〇疋《ひき》ずつ下し置く。

嘉永七年正月一五日

三人が手にした御賞は現金ではなく手形（藩札）であった。疋は専ら贈答に際して使用された貨幣単位で、三〇〇疋は銭三〇〇〇文（金三分）に相当する。

御手伝とは、仙台藩が毎年家臣から徴収した「御手伝金（上納金）」のことで、それを今年は免除されたといっている。

銘下げ・銘上げ

堀口村の銘下げと銘上げの記録である。『御用留』に銘下げの記録は数多く出てくるが、銘上げはこの一例だけである。

百姓岩松持高　田代三〇六文　五石銘

右の土地は数年前に上地されて、散田扱いになっていました。土質が悪く、熟作が見込めないからです。

このたび、岩松が年数銘下げしてもらえれば、右土地を耕作したいと申請してきました。

吟味の上、岩松が精進して耕作し、将来本銘（五石銘）に戻す見込みがあるならば、今年から三ヶ年四石五斗銘で上納することを条件に、起こし返しを認めます。以上

嘉永七年八月　　山岸傳三郎内　斎藤喜平　御用前中

日野儀兵衛

堀口村地肝入

幸太郎殿

百姓喜蔵持高　田代三七九文　本銘六石九斗八升

右の土地数年前に三石五斗に銘下げしましたが、土質が良くなったので、昨年中より銘上げする旨申し渡しておきましたが、今年から三ヶ年間、四石五斗銘で上納するように下知申し渡します。以上

嘉永七年八月　　山岸傳三郎内　斎藤喜平　御用前中

日野儀兵衛

堀口村地肝入

幸太郎殿

前者は銘下げ、後者は銘上げである。どちらも今年から三年間、四石五斗銘で下知している。下知言い渡しが稲刈りが始まる直前の八月。岩松は地肝入の内諾を得て、交渉がまとまる前に散田の起こし返しを始めたのである。

喜蔵は、斎藤喜平の銘上げ交渉に押し切られた。喜平が「昨年中より銘上げする旨申し渡し」ておいたといっているので、一年がかりの交渉だったことがわかる。銘上げ交渉が成功したのは連年豊作だったからであろう。

百姓の田地売買

次は、堀口村百姓の田地売買記録である。

百姓義兵衛持高　田代三〇〇文　本銘六石九斗八升

右の土地は、同村百姓義兵衛が同左七郎に永代譲り渡したのですが、左七郎が手もと不如意になり、義兵衛に買い戻してもらいました。

このたび、右土地を左七郎がもとの通り受け戻したいと思い、双方（左七郎と義兵衛）熟談の上、特段差し支えもないと考えました。今後は左七郎が御年貢を上納しますので、左七郎持高と御下知を申し渡して下さい。以上

嘉永七年八月　山岸傳三郎内　斎藤喜平　御用前中

日野儀兵衛

堀口村地肝入

幸太郎殿

当該田地の所持者が義兵衛→左七郎→義兵衛→左七郎と変遷している。
土地売買は蔵入地については村肝入に、給地については地肝入に届け出るきまりであった。「双方熟談の上、特段差し支えもないと考えました」「永代譲り渡した」といっている。「田畑永代売買禁止令」を無視して、当事者ふたりだけの判断で田地を「永代譲り渡した」のである。

この文書でも「御百姓」ではなく「百姓」と表記されている。御百姓の公民意識が薄れたことと、田畑が自由に売買されるようになったこととは、コインの表と裏の関係と考えられる。御百姓の公民意識の変化が土地売買を可能にし、土地売買がさらに人々の意識を変化させたのだろう。

【コラム】江戸時代の百姓は土地所有者か？

歴史家の多くは、近代的土地所有権は、明治になり領主的土地所有が否定され、地租改正によって農民の土地所持権に近代的所有権が付与されて初めて成立したと説明しています。

しかし、江戸時代後期、とりわけ幕末期に農民が土地を「永代売り」していたことは多くの古文書から明らかです。永代売りできたのは、農民が土地所有者だからです。幕末期の農民を土地所有者といわないで誰を土地所有者というのでしょうか。

歴史家は「領主的土地所有」という用語を使用して説明を試みますが、当時の農民は領主を土地所有者とは少しも考えていません。領主は社会的に土地所有者と見なされていないので、土地を売りたくても売ることはできませんでした。大名や幕府直参が領地を売却した話は寡聞にして知りません。

領主が金を借りるために質入れしたのは「将来収納されるであろう年貢」です。貸し手は、年貢から確実に返済を受けるために、年貢の徴収実務者（しばしば貸し手と同一人物）に土地を「割り渡し」させることがありましたが、土地所有権を担保に取ったわけではありません。

歴史家は、法制を軸にして歴史を描きます。田畑永代売買禁止令が明治五年（一八七二）に解除されるまで基本法として有効であったことを根拠に、それ以前に土地が売買された事実を実態に即して説明しようとしません。

寛永二〇年（一六四三）に幕府が田畑永代売買禁止令を出した当初から、禁止されたのは「永代売り」であって「年季売り」は禁止令の対象外だと解釈されました。そして一〇年季までは許されるという慣習が成立し、一〇年ごとに証文書替を行えば問題がないと考えられていました。要するに、売買禁止令は空文化していたのです。

先の義兵衛と左七郎の土地取引は紛れもなく土地所有権の「永代売り」です。

しかし、次のような封建的な規制がかかっていたことも心に留めておく必要があります。

- 村外の者に土地を売り渡さないようにした（村内でお金を融資し合うようにした）。
- 土地を永代に売り渡しても買い戻される可能性が残った。
- 土地売買に村肝入・地肝入・給人などの承認を要した。

したがって、近代的土地所有権とまったく同一とはいえませんが、「自分の意思で」「永代に売り渡す」ことができた事実に着目すれば、江戸時代後期の農民は土地所有者であると言うことができます。

ところで、仙台藩では、天保九年（一八三八）に五貫文制が撤廃され（八四頁）、それ以降土地売買が公然と行われるようになりましたので、その頃から農民は土地の「所持者」から「所有者」に変化したと解釈できます。しかし、本書では、年代によって「所持」と「所有」を区別する煩わしさを避けるために、幕末まで「所持」と表現しました。

作子に耕作を許可

散田に代百姓を附けるまでの間、百姓が作子（小作人）になりたいと申し出た記録である。

半蔵跡地散田
高　田代三五八文　六石九斗八升銘
高　田代二〇八文　五石五斗銘
右の所を、このたび、百姓次左衛門が四石銘を以て作子になりたいと申し出てきたので、いろいろ吟味した結果、四石五斗銘を以て耕作するように言い渡した。もっとも、代百姓（新規の正式な耕作者）を附けるときには、右土地は返納する約束です。以上

嘉永七年八月　　山岸傳三郎内　斎藤喜平　御用前中
日野儀兵衛
堀口村地肝入
幸太郎殿

当該の土地は半蔵跡地である。半蔵は潰れるか逃亡するかして、半蔵家族は村にいないと思われる。散田は、地肝入が村人と相談の上、給人の了解を得て新たな耕作者（代百姓）を附けるのが村の慣行である。ところが、百姓次左衛門が代百姓を附けるまでの間、作子として耕作したいと名乗りを上げた。

堀口村ではこれまで代百姓に指名されるのが水呑、次三男、伯父、弟など百姓身分をもたない者だけであったから、次左衛門は機先を制して「作子でも構わないから耕作したい」と申し出たのであろう。彼は、まずは耕作の実績を作ろうとしたのではないか。もちろん斎藤喜平は「代百姓を附けるときには右土地は返納する」と約束させることを忘れなかったが、次左衛門には「数年耕作すれば土地はこっちのもの（小作権が発生する）」という気持ちがあったと思われる。

この事例では、地肝入幸太郎も御用前斎藤喜平も村の慣行を無視して、作子に耕作を認めた。村の秩序が変化してきたと感じられる事例である。

いずれにしても、散田が次々に起こし返されて、村に活気が戻ってきたのは確かである。

家来役の責任感

家中・足軽の困窮が一段と進んだことを、斎藤喜平は「家来役」として捨て置きがたくなり、鈴木貢と相談の上、家来役料をそれぞれ四〇〇文ずつ返上し、それを家中に分配した記録である。役料返上の文書と分配の文書を二つ並べた。なお、ここでの一文は米一升を指す。

斎藤喜平
鈴木貢

一　其の方どもは家来役料として一人田代六〇〇文ずつ、御用前役料として二〇〇文ずつ与えられているが、このたび斎藤喜平から、今後家来役料を一人二〇〇文ずつにしてもらいたい。そして、ふたりが返上する八〇〇文を難渋している徒廻りの者どもへ分配してもらいたい、との申し出があった。そのようにすれば、彼らはいや増し精勤するはずであるとの趣旨であった。

右の申し出を上様は奇特に思し召され、申し出の通りふたりの役料合わせて八〇〇文を召し上げられた。

天保一二年（一八四一）八月九日　仰せ渡された。　斎藤喜平　御用前中

田代一〇〇文　日野儀兵衛
同　同　西山嘉馬
同　同　生出勇治
同　同　鈴木隼太

同　　　　支倉源左衛門
同　　　　西山弥五右衛門
同　　　　西山大吉
同　　　　御足軽養作

一　お手前どもはここ数年困窮のため御用も充分に勤められない有様である。それを御用前斎藤喜平が嘆かわしく思い、家来役料八〇〇文を返上するので、お手前ども面々に分配してもらいたいと申し出た。そのようにすれば、御用支えなどがなくなり精勤するようになるとの申し出であった。お手前ども一人ひとりには、貧富の違いがあり、分別の違いがあるけれども、右八〇〇文は別段の知行であるので、一統へ均等に一人当たり一〇〇文ずつ、今年より三ヶ年御手当として支給する。今後はなおさら精勤し、御用支えなどに至らないよう勤めなさい。
右知行は御蔵米にて支給する。

同年八月一一日

役料返上の背景に徒廻りの者たちの「御用支え」がある。「御用支え」の具体的な記載はないが、山岸が外出する際の御供、仙台屋敷と前谷地屋敷の警護、仙台と前谷地との連絡、知行所五ヶ村の見廻りなど、必須の御用に差し支えが出るようになったと思われる。そうした事態を打開するためにふたりはやむなく家来役料八〇〇文（米八石）を拠出する決断をした。

困っている人を見て見ぬふりをするのは人倫に反する、況んやそれが自分の直属の者であればなおさらである、武士は規範身分であるから人の手本にならねばならぬと、考えたかどうかわからないが、喜平と貢に「家来役」としての誇りと責任感があったことは間違いない。

喜平が役料返上を申し出たのは八月初め。稲刈り直前で、飯米が一番不足する時期である。八月九日に役料返上が承認されて、一一日に均等配分が申し渡された。その間、山岸と御用前の間で「一人ひとりには貧富の違いがあり、分別の違いがある」ことを考慮して分配に差をつけるべきか否か、議論されたようだが、均等配分することで議論がまとまった。

喜平のリーダーシップは山岸勝之進だけでなく、家中の者たちにも「奇特」と受け止められたに違いない。

なお、この記録から役料が米で支給されたことが確認できる。

息子友右衛門、江戸勤番

斎藤友右衛門が一年間の江戸詰めを首尾よく務めた功績により、小正月の祝いの席で褒美をもらった記録である。

斎藤喜平嫡子　友右衛門

一　我ら江戸御勤番の節、其の方は御供を命じられ一ヶ年余江戸詰めであったが、不調法もなく首尾よく国元に戻ることができた。かねてより御奉公に厚志あり、配慮の行き届いた勤方である。よって、御賞として田代一〇〇文下し置く旨　御意の事

嘉永二年（一八四九）正月一五日

藩主伊達慶邦は参勤のため弘化四年（一八四七）三月二二日仙台を出発し、翌年（嘉永元年〔一八四八〕）五月四日仙台に下着した。伊達慶邦は山岸勝之進に御供を命じ、勝之進は斎藤友右衛門に御供を命じた。友右衛門は江戸詰めを仰せ付かるほどなので、身体壮健で利発な若者だったと想像される。彼は一〇年後御用前に就く。

山岸屋敷普請

山岸勝之進が前谷地村在郷屋敷の普請をした記録である。杉をたくさん使用しているので、家屋の大規模修繕だと思われる。物入りな江戸詰勤務のかたわら屋敷の修繕まで手がけたのだから、資金繰りにゆとりが出てきたのだろうか。

地肝入　郷右衛門

一　其の方の親久左衛門が植林した杉をたくさん献上してもらったお陰で、このたび御屋敷普請を始めることができた。其の方は普請中毎日欠かさず手伝いに精勤し、馬まで御用立てし、その上少なからざる献金もしてくれた。また、其の方の手配によって、金主が御備金まで用意してくれたのは、別して行き届いた勤方である。よって御賞として田代二〇〇文を永々下し置く旨　御意の事

嘉永二年正月一五日

尚以て、その身一代御徒廻並の御取扱身分に下し置かれる。

斎藤喜平

一　其の方は、このたび御屋敷普請を始めたときから日々欠かさず手伝いに人馬を御用立てし、その上少なからざる献金もしてくれた。なおまた、地肝入郷右衛門と心を合わせて、金主に働きかけ、御備金まで用意してくれたのは、別して行き届いた勤方である。よって御賞として田代一五〇文を下し置く旨　御意の事

嘉永二年正月一五日

日野儀兵衛

一　其の方は、数ヶ年病気故障もなく御用向きを相勤め、その上、このたび御屋敷御普請中、手伝いに欠かさず出勤し、必要なときには馬まで用立ててくれた。御奉公に厚志あり、配慮の行き届いた勤方である。よって、御賞として田代一〇〇文下し置く旨　御意の事

嘉永二年正月一五日

一　田代一〇〇文　　阿部太蔵
一　同　　五〇文　　鈴木隼太
一　同　　五〇文　　高橋忠七

一　同　五〇文　支倉進
一　同　五〇文　佐藤六郎兵衛
一　同　五〇文　鈴木仲蔵
一　同　五〇文　西山徳治
一　同　五〇文　吉田新助
一　同　五〇文　西山嘉馬
一　同　七〇文　養作
右一統へ御賞を下し置く旨　御意の事
嘉永二年正月一五日

屋敷普請が完成して、すべての家臣に御賞を与えた記録である。

家臣は、家中が一一人、足軽が一人、計一二人。この一二人が正規の家臣で、その他、これまで家中や足軽として名前の出てきた者たち（たとえば鈴木織衛、足軽林助など）は臨時的任用の者である。

序列は一八〇〇年と比較するとかなり変化している。なかでも斎藤家が筆頭になり西山家が家中最下位になったことが注目される。生出家は医師でなくなったからなのか、家中から名前が見えなくなった。その代わりに、献金で家中身分を得た佐藤六郎兵衛の名前が見える。一八〇〇年からの五〇年間家臣の人数はまったく変化しないが、人の入れ替えや序列の変化は大きい。

ところで、山岸勝之進は必ずしも経済的にゆとりが生じて屋敷普請したわけではなさそうである。

屋敷普請が嘉永元年に始まったと考えられるが、その二年前（江戸参勤の前年）、勝之進は真野村と蛇田村の御百姓らから五〇両余借金しているので、江戸詰めの費用と屋敷普請の費用も借金によってまかなわれたと思われる。

もっとも天保一五年（一八四四）から嘉永元年（一八四八）にかけて仙台領内は干魃が起きるほど晴天に恵まれ（『迫町史』『遠田郡史』）、前谷地村、鹿又村、蛇田村では豊作が続いたので、山岸家の資金繰りも多少は楽になったはずである。

地肝入の実力

右の御賞の記録は地肝入から始まる。四八年前にも地肝入が手柄を立てて、家中の者どもと一緒に御賞にあずかった記録がある。その二つの記録を比較すると、四八年の間に地肝入の実力が格段と向上したことがわかる。

享和元年（一八〇一）、地肝入（義内）が百姓地として長年年貢を納めてきた屋敷地が除き屋敷であることを見出したとき、御賞の順番は一番の手柄を立てたにもかかわらず一番最後であった。また与えられた御賞の品も家中とは別であった（二二九頁）。ところが、右の記録では地肝入（郷右衛門）は御賞の順番が一番で、与えられた田代も家中より多いのである。

したがって、二つの記録から、嘉永二年（一八四九）時点で山岸家中の「実力」の序列が地肝入郷右衛門、御用前斎藤喜平、御用前日野儀兵衛、阿部太蔵の順に変化したと考えることができる。

また、地肝入は山岸屋敷の普請に際してたくさんの杉を献上しているが、当時農民や陪臣が個人的に山を所有することは許されないから、地肝入が杉を伐り出した山は山岸家中の入会山であろう。そこから杉を伐り出すにあたり、「其の方の親久左衛門が植林した杉」と表現している。山岸が地肝入に入会山の管理（植林・下草刈り・枝打ち・間伐・伐採など）を任せていたのであろう。

地肝入郷右衛門は、御屋敷普請ならびに山岸資金繰りで功績をあげたことから、「その身一代御徒廻並の御取扱身分」になったが、御徒廻（御徒組）ではないので、右の記録に姓がつけられていない。

陪臣と百姓の縁組

家来役斎藤喜平の孫が百姓の家に嫁いだ記録である。

　　斎藤喜平　孫はる　当一六歳

一　右の者、百姓兵吉孫の嫁に縁組したいとの願書が出された。差し支えがないので、日野儀兵衛から仮肝入利三郎方へ人別払い証を出した。

　　安政四年（一八五七）二月

右の記録から陪臣と百姓との縁組が藩の規制をまったく受けなかったことがわかる。また結婚では家と家とのつり合い（身分・家格・家産などが同じ程度かどうか）を重視したが、山岸家の家来役の斎藤家は「百姓」と縁組している。陪臣と百姓の身分差がほとんどないことがわかる。兵吉の身分がここでも「御百姓」ではなく「百姓」と表記されている。

「御百姓」は単なる農民一般を表現する言葉ではない。「天下の御百姓を相勤める」という公民意識が含まれている。一八四〇年代以降、前谷地村でも堀口村でも「百姓某」という表記がしばしば見られるようになるが、身分秩序が崩れてきたことの表れだと思われる。
斎藤喜平の孫はるは、日野儀兵衛の手によって山岸の人別帳から除外されて、前谷地村肝入（ここでは仮肝入）が管理する村の人別帳に移された。

喜平七一歳、病死

斎藤喜平は当年七一歳になります。病気を患い、去る六月二四日に病死しました。
跡式御知行高八六七文は、嫡子友右衛門当年三九歳に、相違なく下し置かれますようお願いします。（中略）
拙者ども親類連判を以てかくの如くお願い申し上げます。
右、友右衛門は御徒組に御座います。以上
御足軽　佐左衛門
成田義三郎内
菅野繁之丞
斎藤友右衛門
安政五年（一八五八）八月一九日　日野儀兵衛　御用前中
跡式知行は願の如く相違なく下し置かれました。

斎藤喜平（七一歳）が死去し、嫡子友右衛門が跡式を相続した。

喜平は二六年間、御用前・家来役として重責を担ったが、身分は最期まで「御徒組」であった。重役に就任して家中での序列が上がっても、身分上昇には直結しない。身分制社会では固定した身分が世襲されなければならない。身分が変動するようでは、身分制度はたちまち崩壊してしまうからである。

第三節　斎藤友右衛門

友右衛門は、父喜平の死後三ヶ月で御用前に就く。御用前は日野儀兵衛とふたり体制であったが、『御用留』の筆跡と記述内容から友右衛門がほとんどひとりで実務を担当したことがわかる。「家柄の者」日野儀兵衛は友右衛門の後見人的存在だった。

友右衛門は天保一一年（一八四〇）に仮扱役に就いているので、実務経験は充分であった。就任早々から次々に問題処理に当たった。

友右衛門の課題は、父の代と同様、農業経営の安定しない堀口村の立て直しであった。

「極難の御百姓」の銘下げ願

困窮した堀口村御百姓長作が銘下げを願い出た記録である。売れる物をすべて売り尽くし、長作と弟が「手間取り稼ぎ」に出て、なんとしても借金を返そうとしている。家族が離散し、潰れ百姓になる寸前である。地肝入が「委曲本文の通り」「誠に嘆かわしい有様」と言っている。事実は願書の通りだと思われる。

恐れ乍ら御銘下げ成し下されたく願奉り候御事
壱ノ迫堀口村御百姓長作持高のうち
高田代一六九文　本銘六石九斗八升
わたくしは右の土地を所持しています。近年不作続きで連々難渋しています。昨年冬、親類が寄り集まって話し合った結果、居久根《いぐね》（屋敷廻り樹木）と竹と家財を売り払うことにしました。さらに弟弥五郎を三ヶ年身売り（前借金の手間取り）に立て、わたくしも半年季の手間取り稼ぎに出て、借金を返済したいと存じます。その他親類ならびに五人組と次のように取り交わしました。
所持する田地は五人組に預け、年貢等の諸上納は五人組で納めてもらう。
妻子は家に残り、渇々の生活ではあるが、日雇いで生計を立てる。
ゆくゆくは一人娘当年一三歳に婿《むこ》養子をもらい受けて、家の存続を図る。
右の通りで御座います。潰れ百姓同然の身では御座いますが、旧来の御百姓で御座いますので、御憐愍を以て、当年より三ヶ年、三石五斗に銘下げして下さり、百姓として存続できるように成し下さいますようお願いいたします。
右の段、地肝入殿から、委曲ありのままに御地頭（山岸）様にご報告くださり、早速銘下げしていただきたく、親類と五人組連判を以て、お願い申し上げます。以上
安政六年（一八五九）三月　壱ノ迫堀口村御百姓　長作
〃　親類　善三郎

〃　五人組合　郷兵衛
〃　〃　嘉助
〃　〃　伊助
〃　〃　次左衛門
〃　〃　五郎吉
〃　〃　半三郎
〃　〃　俊蔵
〃　〃　猶治
〃　〃　長之助
〃　〃　助五郎
〃　〃　辰之助
〃　〃　甚平

地肝入　幸太郎殿

右の通り申し出でがありました。委曲本文の通りで御座います。長作は村の中でも抜きんでて困窮しており、誠に嘆かわしい有様ですので、御憐愍を以て、願の通り三年間銘下げして下さいますようお願いします。以上

同年同月　地肝入　幸太郎

斎藤友右衛門様
日野儀兵衛様

右願書を御上様に提出しました。

御上様より、左の通り下知するよう命じられました。
三年間銘下げすることはできないけれども、極難の御百姓につき、御手当として一ヶ年玄米五斗ずつ、願の通り三年間支給する旨、下知申し渡してください。以上
同年　八月　　斎藤友右衛門　御用前中
地肝入　幸太郎殿

長作の主張は、「潰れ百姓同然の身では御座いますが、旧来の御百姓で御座います」という言葉にこめられている。「わたくしは昨年まで年貢諸役を負担してきた『御百姓』です。御領主様は御憐愍を以てお救いくださるのが当然であると思います」と、長作が胸を張って主張しているように感じられる。

三月に長作が銘下げを嘆願したのに対して、友右衛門は八月になって回答している。その間五ヶ月、友右衛門と堀口村地肝入幸太郎は、文書のやり取りを通じて何度も交渉したと思われる。

長作の嘆願通り、田代一六九文の本銘六石九斗八升を三石五斗銘に引き下げると、山岸の年貢収入は五斗八升八合、減少する。友右衛門の回答は手当として一年に玄米五斗与える内容なので、その差はわずか

八升八合である。友右衛門は減税額ではほぼ一〇〇%の回答をしているにもかかわらず、銘下げには応じていない。銘下げすると三年後に銘上げ交渉を行う必要が出てくるからと思われる。手当ならば三年後に一方的に打ち切ることが可能である。その辺りの駆け引きがポイントだったと考えられる。

筆者には、細かな点まで配慮して駆け引きしている斎藤友右衛門が御用前として非常に優秀であると感じられる一方、屋敷廻りの樹木・竹木が切り払われ、外から丸見えの、がらんとした家の中で、鍋釜とふたり分の茶碗・箸しかない長作の妻子の暮らしが目に浮かび、哀れを禁じ得ない。

水害の堀口村百姓中へ御手当

安政六年(一八六〇)七月二五日と二六日の両日、大嵐が襲来して迫川堤防が決壊した(『東和町史』)。八月には北上川と江合川が和渕村と前谷村で決壊した。左は、同年一〇月、洪水の被害を受けた堀口村への対応である。

壱ノ迫堀口村百姓中へ御手当

一 米一〇石也

一 大豆五石五斗四升

今年七月二五日と八月一三日、二度の大嵐に見舞われ、そのたびごとに洪水が起き田畑ともに水損になりました。よって、右の通り堀口村百姓中より御手当願が出されましたので、合口《あわせくち》手当として右の石高を支給する。

安政六年一〇月二六日　斎藤友右衛門　御用前中
堀口村地肝入　幸太郎殿

嵐の被害は堀口村全体に及んだようである。本来ならば御百姓一人ひとりから「御手当願」または「水損引き願」を提出させて処理すべきところであるが、友右衛門と地肝入幸太郎は相談の上、迅速な支援をするために一括で処理することにしたのであろう。

台風シーズンは立春から数えて二一〇日、二二〇日頃（陰暦七月から八月頃）である。記録では一〇月二六日には手当の支給を通知しているから、非常に迅速である。

なお、手当は合口（全百姓分を合算）として支給し、配分の仕方は地肝入幸太郎に一任した。

鹿又村、年貢上納「半金半石」の願

鹿又村の知行については『御用留』に「鹿又村御知行一〇貫文のうち」とだけ記された断片一枚あるのみで、詳しいことはわからないが、山岸の知行高から逆算すると、鹿又村に九貫文（九〇石）余の知行を幕末まで有していたと考えられる。

次の記録は、安政六年八月の北上川堤防決壊で洪水に遭ったとき、鹿又村地肝入から提出された願書である。

恐れ乍ら口上書を以て願奉り候御事

一　拙者どもは御地頭様御給所を耕作させて頂いている桃生郡深谷鹿又村の御百姓で御座います。今年の秋、二度の大風雨に見舞われましたが、早速年貢の不作引きをして下さいまして有り難く存じます。ところで、御地頭様から今年の年貢は米にて上納せよと命じられましたが、今年は手取りの米が至って不足です。これまでは米で上納せよと命じられれば、なんとか遣り繰りして米にて上納してきましたが、今年に限り半分は米で上納し、残りの半分は御郡相場を以て金にて上納させて下さいますようお願いします。

郡方でも米不足です。来年の種籾ならびに夫食米が不足するかもしれない事態ですので、御憐愍を以て、諸御地頭様と同様に半金半石で御取り立て下さいますようお願いします。以上

安政六年一二月　鹿又村御百姓　願申上人　運治

〃　雄作

〃　惣御百姓中

山岸傳三郎様

地肝入　利左衛門殿

右の通り願の如く成し下されたく願い上げます。以上

同年同月　地肝入　利左衛門

斎藤友右衛門様

右の通り願書が提出されましたので、御上様にご報告したところ、左のように命じられました。

今年に限り六割は米にて、四割は金にて上納するようにと、利左衛門に申し渡しなさい。

同年同月　斎藤友右衛門　御用前中

友右衛門は嘆願の先手を打って鹿又村の地肝入に年貢の不作引きを通知する一方、他の給人が半金半石を命じる中で全量米で上納せよと通知した。それというのは、米相場は年貢の上納時期（一一月から一二月頃）に一番安くなるからである。給人も農民も米相場が安いときには手放したくないのである。友右衛門は農民の要求を丸飲みせず、わずかに押し返したところで妥協を図っている。

堀口村地肝入、御賞

山岸傳三郎が、堀口村地肝入幸太郎に御賞として田代一〇〇文を与えた記録である。

堀口村地肝入　幸太郎

一　其の方は、御知行所の管理に心を尽くし、散田に新たな耕作者を附けるなど格別な働きをしてくれた。よって、御賞として田代一〇〇文を、地肝入勤仕中、其の方持高として与える。今後は、先年銘下げした所を段々に銘上げするように努力してもらいたい。以上

萬延元年（一八六〇）一〇月一五日　斎藤友右衛門　御用前中

御城下御屋敷御台所のうちにて、直々申し渡した。

堀口村地肝入幸太郎は仙台屋敷まで呼び出されて、山岸傳三郎から直々御賞田代一〇〇文を頂戴したのであるが、話はそれだけにとどまらなかった。先年銘下げした所を銘上げするように強く要請されたのである。もちろんこの段取りは友右衛門が考えたはずで、彼もその場に同席したと思われる。

堀口村で、かつて山岸を悩ませた銘下げ要求、上地、逃散などの動きが一段落したようである。地肝入幸太郎の尽力で、散田に新たな耕作者を附けたり、台風の被害が発生すればすぐ山岸の援助を引き出したりしながら、堀口村は落ち着きを取り戻したのだろう。

堀口村、新百姓誕生

堀口村に持高三四六文の新百姓が誕生した記録である。

　壱ノ迫堀口村御百姓酉《とり》松持高のうち　分け遜《ゆず》り
　男子春松義　新御百姓に成し下されたく願奉り候御事
　　御百姓　酉松
高六七八文
田代三九三文　五石銘
畑代二九七文
　うち　　四五文　三分半一

二五二文　五分一
山岸傳三郎様御知行
右のうち
一　田代一九七文
一　畑代一四九文
ただし、酉松持高のうち、分け遜り、男子春松を新御百姓に成し下されたくお願いします。
右の通り、酉松持高を分け遜りますので、春松を新百姓にして下さいますようお願いします。春松は家族七人です。新百姓になりましても、御年貢諸役を滞りなくお納めしますので、願の如く御下知下さいますようお願いします。以上
萬延二年（一八六一）三月　壱ノ迫堀口村御百姓　酉松
〃　男子　春松
〃　親類　五右衛門
〃　〃　音吉
〃　〃　米蔵
〃　組頭　半左衛門
〃　〃　萬之助

〃　〃　吉次
〃　〃　種松
〃　〃　太蔵
〃　〃　伊右衛門
〃　〃　喜左衛門
〃　〃　源次
〃　〃　善右衛門
〃　〃　岩松
〃　〃　喜右衛門

地肝入　幸太郎殿

右の通り願書が提出されました。
右春松を御百姓に成し下されても、年貢諸役が滞ることはありませんので、御証状を御渡し下さいますようお願いします。以上
同年同月　同村地肝入　幸太郎　判
山岸傳三郎様御内
斎藤友右衛門様

右の願を御上様にご報告したところ、御上様に於いては異議なしとのことでしたので、左の通り申書を発行しました。

山岸傳三郎御知行　栗原郡壱ノ迫

堀口村御百姓酉松持高のうち

田代一九七文

畑代一四九文

右高男子春松方へ分け遜った分

右の通り男子春松方へ永代分け遜り、春松を新御百姓にして下さるように主人方に願い出たところ、さし支えがないということですので、願の通りお手続きくださいますようお願いします。

萬延二年三月　　右内　斎藤友右衛門

大肝入　佐々木清治殿

新百姓一人の誕生に一一人の組頭が連署している。堀口村のすべての組頭と思われる。新百姓の誕生に村中の同意を必要としたのである。

友右衛門はこの書類を栗原郡の大肝入に提出した。蔵入百姓に関する書類であれば、村肝入が作成して大肝入に提出される。ここでは村肝入が登場しない。行政的な観点で見れば、地肝入と給人御用前が村肝入の役割を果たしている。地肝入・御用前の給所支配が公務であることがわかる。『御用留』の萬延二年三月以降の記録が欠落している。中途で記録がとぎれているので、和綴本の後半数十枚がちぎれてしまったのであろう。

前谷地村の版籍奉還

明治二年（一八六九）三月、友右衛門は前谷地村の山岸知行を天朝（明治政府）に上地（返納）するため、寛文七年（一六六七）の『桃生郡深谷前谷地村御検地帳』をそっくりそのまま筆写した（図）。

明治二　己巳《つちのとみ》年

三月三〇日　斎藤友右衛門御用前中

右は天朝へ御上地につき、御検地帳を写し置き候事

山岸傳三郎足軽　兵蔵

砂押

二間

下田

二畝一二歩　二六文

一二間

（以下省略）

慶應四年（一八六八）九月八日、政府は元号を明治と改めた。

同月一〇日、仙台藩は戊辰戦争降伏を決定し、一五日相馬口の政府軍に降った。

明治二年六月、全国の藩主に版（土地）と籍（人民）の還納を命じる布告が出された。

ところが、斎藤友右衛門は布告の三ヶ月前にその準備を終えていたのである。

友右衛門らは仙台藩の郡奉行から三月二〇日までに検地帳を指し出すように指示されていたのだ（明治二年三月一六日付『深谷小松村演説書』）。このとき仙台藩桃生郡深谷地区は高崎藩預《あずかり》地《ち》（取締地）になっていたので、友右衛門が筆写した検地帳は桃生郡深谷の代官所を通じて高崎藩に提出されるはずのもの

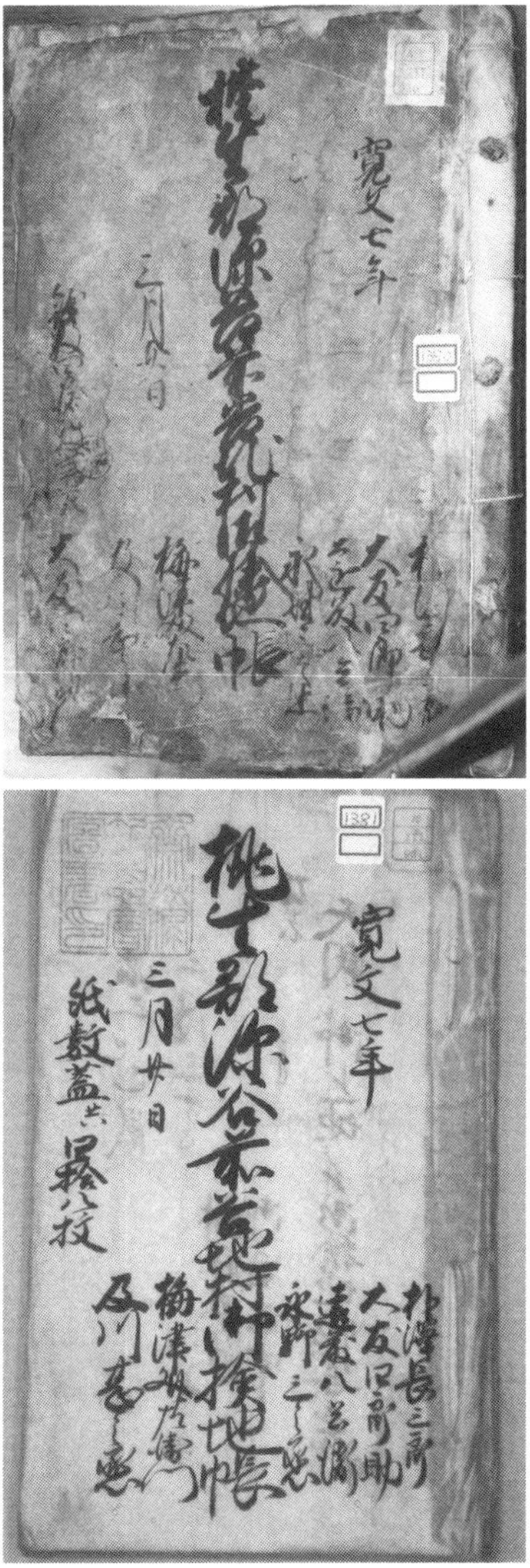

図　寛文７年検地帳の表紙（上）と明治２年に友右衛門が筆写した検地帳の表紙（下）

であった。

『深谷小松村演説書』は、桃生郡深谷地区の行政引継書である。演説書を作成した仙台藩の役人は、上地するにあたって提出すべき「版（土地）の台帳」は寛文七年の検地帳であると認識していたのであろうか。

江戸時代土地売買は禁止が建前なので、役人にしてみれば、土地の権利関係は寛永総検地と寛文七年の新田検地以来動いていないという前提なのかもしれない。そこで、二〇〇年以上も前の「検地帳（土地台帳）」を提出するようにと、村肝入や給人に求めた可能性も考えられないわけではない。

「しかし」と、桃生郡深谷の役人は演説書の中で言う。「虫摘等ニテ見得分り兼」ねるところがあり、且つ、「役之移リ代リニテ紛乱仕リ候分之あり」と。要するに検地帳が現存していても虫喰いのため判読不能で、且つ、紛失した検地帳も多く、すべて揃えることは不可能ですと、提出する前から言い訳している。

友右衛門らは日々土地の権利関係を調整したり記録したりしていたので、天朝へ指し出すべきは明治二年現在の土地台帳であると考えたはずであるが、手もとの台帳は貼り紙の上にまた貼り紙をしていたので、短時間で台帳を整理するのは不可能だった。つまり、藩に土地台帳が存在しないだけでなく、村レベルでも土地台帳を整理できないほど統治システムが崩壊していたのである。

なお、友右衛門が筆写した検地帳の写しが県（石巻県）に提出されたかどうかは不明である。財団法人齋藤報恩会に所蔵されたことから考えて、提出されなかったと筆者はにらんでいる。

地肝入の台頭と身分制の崩壊

斎藤家三代（東馬、喜平、友右衛門）は「家柄の者」による支配を完全に廃止する一方、堀口村給所の再建に取り組んだ。なかでも喜平は、困窮した農民への支援や上地された田地の再耕作、散田の起こし返しなどに尽力し一定の成果を上げた。

しかし山岸家中の困窮は増すばかりで、自らの役料を返上せざるを得ない状態に追い込まれた。その一方で、給所管理の実務を取り仕切る地肝入が経済力と発言力を増大させた。領主山岸も御用前斎藤も地肝入に頭が上がらなくなったと思われる。

また、喜平と友右衛門の時代には「百姓某」という表記が多くなる。御百姓の公民意識が薄れ、御百姓が単なる農民一般に変化していったのである。同時に、家中・足軽・百姓・水呑という身分上の区別も幕末にはかなりあいまいになった。

ところで、斎藤報恩会所蔵の前谷地村関係の多くの古文書に「友右衛門写之」と記されている。『御用留』は原本であるが、それ以外はほとんどが友右衛門の写本である。行政文書の保存という点においても、友右衛門は時代を先取りしていた。

第四章　前谷地村の事件簿

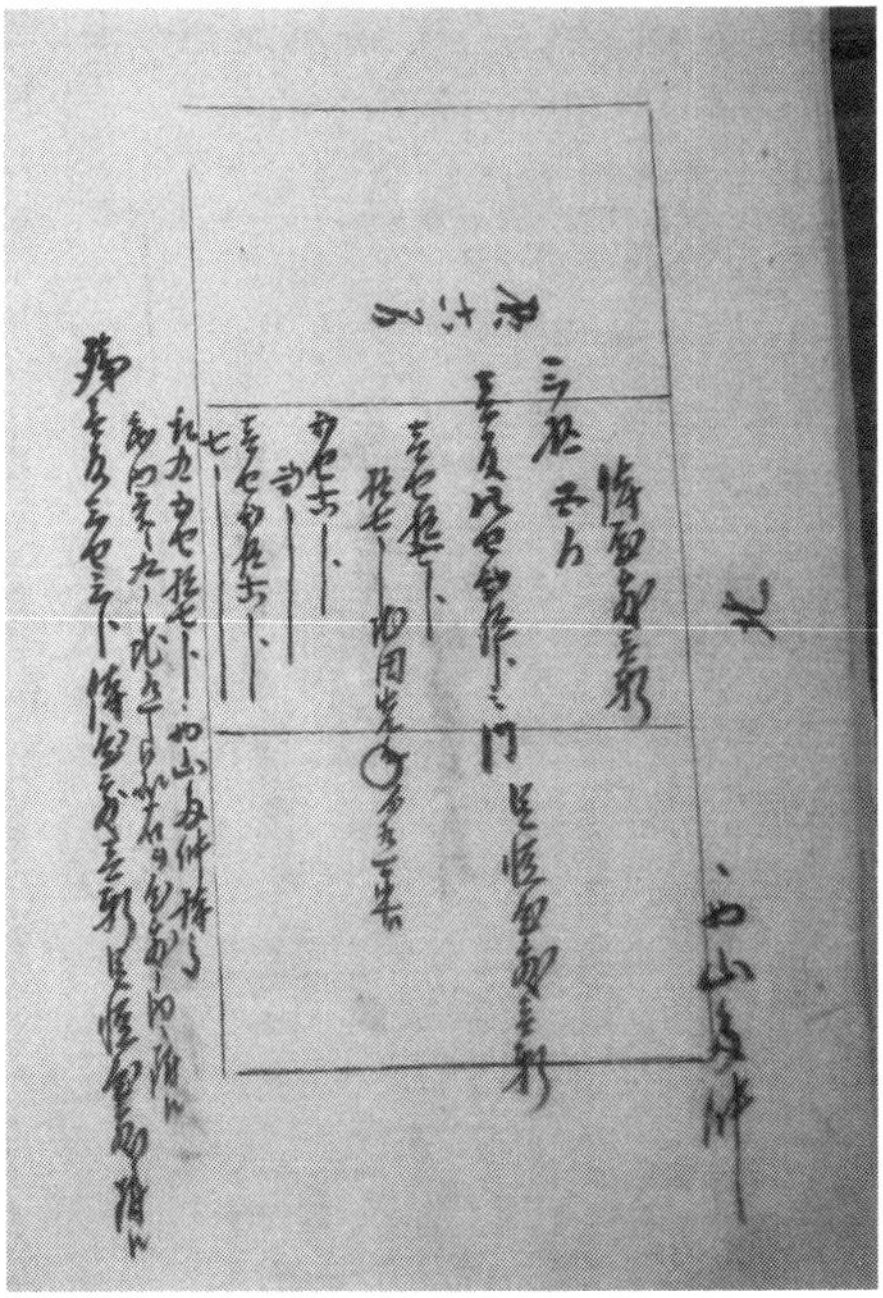

『除キ屋鋪拝領軒数覚牒』西山多仲屋鋪図。次頁で解説
（仙台市博物館所蔵）

寛政二年（一七九〇）山岸家御用前三人は『除キ屋鋪拝領軒数覚牒』を作成し、除き地（無年貢地）の地積と所有者を確認した。その一〇年後、山岸は知行六二石余を地肝入に質入れした。それを契機に地肝入は除き地が長年の間、百姓地と誤認されていたことを発見した。

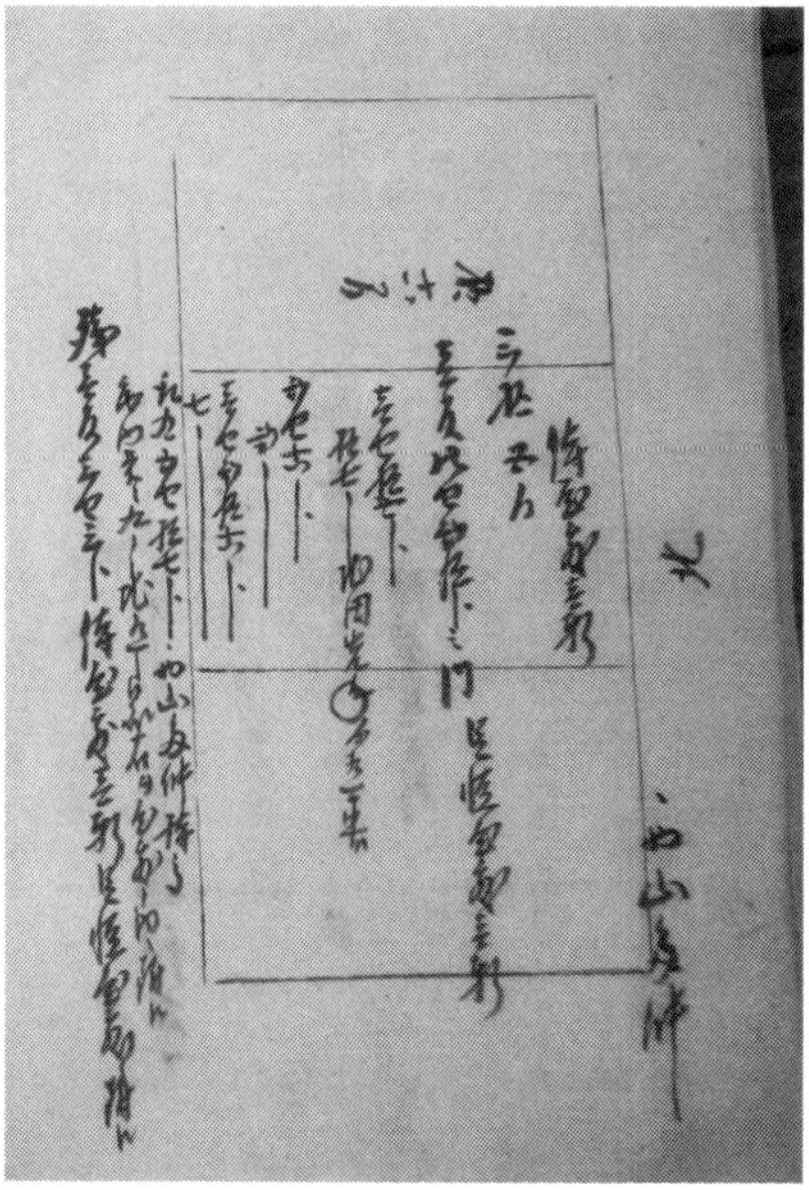

北

拾六間

侍屋敷壱軒　　足軽屋敷壱軒
三拾五間
壱反八畝弐拾歩之内
壱畝拾五歩
拾七文地田先年ゟ《より》返来ル
弐畝六歩
弐文
壱畝弐拾六歩
七文

西山多仲

取合五畝拾七歩　西山多仲持高
義内前々九文地返し候処、右ヲ屋敷之内ニ附ル
残壱反三畝三歩侍屋敷壱軒、足軽屋敷ニ附ル

【解説】

西山多仲（忠兵衛）の屋敷は縦三五間、横一六間で、その面積は一反八畝二〇歩（五六〇坪）である。そのうち五畝一七歩（一六七坪）が多仲持高の田畑で、残り一反三畝三歩（三九三坪）が拝領地（侍屋敷と足軽屋敷）である。また、二畝六歩と一畝二六歩の畑（九文地）を以前義内に貸していた（質入れしていた）ことがわかる。

前章まで『御用留』の中から鈴木家、西山家、斎藤家に深く関わる出来事を取り上げてきたが、この章ではそれらからこぼれた出来事（事件）を類型別に紹介する。なかでも、土地制度、身分制度、家制度などに関わる、時代の変化がよく表れている出来事を選択した。

第一節 「身上がり」御百姓清内

献金によって「表御百姓」に身上がりした清内についての紛争記録である。清内が「百姓地」として長年所持してきた土地が、「除き屋敷」であったというのが紛争の発端である。この紛争から一八〇〇年代初頭には、除き屋敷と百姓地の区別すらはっきりしなくなっていた状況が見えてくる。

清内屋敷を除き屋敷と認定

一　斎藤清五郎の家の者、清内が、先年志願金を指し上げて表御百姓になった。そのとき清内の持高とされた土地を、このたび八郎右衛門殿に売り渡そうとしたところ、清内屋敷は御百姓地ではない、除き屋敷である、山岸の担当者が長年間違って認識をしていたのだ、との指摘があった。そこで村肝入俊治とともに小割帳はもちろん高名附帳などまで調べてみたが、なぜ間違えたのか、はっきりしなかった。しかしながら当該地所が除き屋敷であることは間違いないので、地所を斎藤清五郎に引き戻すことにした。清内は、山岸担当者の不始末によって起きたことなので仕方がないと了解した。村肝入俊治には、斎藤清五郎に地所を引き戻す旨の文書を作成して提出した。

斎藤清五郎は山岸家中である。清内は清五郎の家に代々仕える奉公人（譜代奉公人）だと思われる。清内屋敷は清五郎屋敷に隣接していた。

清内は先年村肝入に志願金を献上して表百姓になった。百姓身分をもたない者が献金によって百姓身分を買うことができたのである。『御用留』はそのことをサラリと書いている。「金上侍」同様、「金上御百姓」も珍しいことではなかったようだ。

清内が御百姓になるとき、清五郎は自分の屋敷地の一部を分与した。もちろん当該地は百姓地であると認識してのことだった。ところが、何年か後になって清内が屋敷を八郎右衛門に売却しようとしたところ、清内屋敷のうちに一部除き屋敷が含まれていると指摘する者が出てきた。文面にはその者の名前が見えないが、地肝入義内であることは間違いない。

地肝入義内は、前年七月、山岸から田畑六町七反二畝二四歩（高六二石九斗二升）の「割り渡し」を受けた。そこで義内は今年の年貢割付を前にして（七月は年貢割付の時期）、百姓前、奉公人前、ならびに除き屋敷の区別を確認したのだ。除き屋敷については、西山忠兵衛らが寛政二年（一七九〇）九月作成の『除キ屋鋪拝領軒数覚牒』があるので（一〇二頁参照）、義内はそれを子細に検討して清内屋敷の一部が拝領屋敷であると突き止めたのであろう。

清内屋敷の一部は拝領屋敷ということで本来の持ち主・斎藤清五郎に引き戻されたが、この処理について村肝入は異議を唱えなかった。清内屋敷が百姓地でも除き地でも山岸知行地内の問題であって、村肝入には関係がなかったからである。

山岸左太郎にとってはどうか。百姓地であれば年貢を徴収できるが、除き地であれば年貢を取れない。山岸にとっては、面白くない出来事だった。

斎藤清五郎へ清内屋敷を引き渡す

一　斎藤清五郎方へ清内かし屋敷を直々引き渡した。右の屋敷内にある廏《うまや》と小家は清五郎の持ち物になったが、本家は先年清内が買い取ったものなので清内の所有と認められた。

同年七月一五日

清内屋敷が「貸し屋敷」として使用されていたことがわかる。またこの記録から、廏や小家は土地の付属物と考えられて、土地所有権が移ればそれらの所有権も付随して移ると考えられていたことがわかる。本家（母屋）は清内が清五郎から買い取ったものなので、所有権は清内にあるとされた。清五郎に引き戻された土地に清内の母屋があり、清内はその後もその母屋に住み続けたようである。

年貢の清算と地境の線引き

一　斎藤清五郎方に吟味の上清内屋敷の一部を引き戻した。清内が先年、志願金を指し上げ表御百姓となったとき、当該屋敷は畑代一八文の御百姓地と認定された。清内は右畑地の耕作を彦七に委託した。

右一八文地は彦七が耕作することになった。

一　彦七屋敷は畑代五四文であるが、その中に清内から借りた一八文地も含まれていた。一八文地分を清五郎に引き戻すのであれば、一八文地一一ヶ年分の年貢相当額、金三切も返還してほしいと彦七が要求してきたので、熟談の末、清内屋敷については今後半高除き屋敷にすることで合意した。

一　清内屋敷と彦七屋敷の地境を、阿部紋太・西山清右衛門・日野義兵衛・高橋忠左衛門・地肝入義内・村肝入俊治・彦七・清内が立ち合い、決定した。なお、彦七屋敷は一反五畝一九歩、清内屋敷は七反七畝ほどであった。

なお、除き地と百姓地の境として、南北に杉を植えた。

享和元年七月二七日　西山清右衛門　御用前中

右清内屋敷のうち、除き屋敷と認定された地所は清五郎へ引き渡した。

同年同月

清内は、清五郎から分与された屋敷地（畑地）を彦七に貸した。彦七はその畑年貢を一一年間山岸に上納してきた。彦七は、畑地を返還するのであれば一一年分の年貢を返してくれと、要求してきた。それに対する返答「清内屋敷については今後半高除き屋敷にする」というのは、彦七は当該一八文地以外にも清内から借地していて、その借地の半分を無年貢にするということかと考えられる。借地料について記載がないので断定的なことはいえないが、この記録を見る限りでは、借地権がかなり強力な権利であったと推測される。

さて、ここで清内について考えたみたい。清内は地境が確定した後、屋敷地だけで七反七畝（二三一〇坪）を所持していることから考えて、かなり裕福な農民だと思われる。清内は清五郎から屋敷の一部を分与してもらった。長年真面目に奉公した御賞として受け取った可能性もあるが、買い取ったのかもしれない。さらに志願金を献上して百姓身分を取得している。

したがって、状況を総合的に考えると、百姓身分をもたない裕福な農民が土地や母屋を買い取り、村肝入に献金して「百姓株」を買ったと思われる。しかも、清内は自分の土地を農民に貸し付ける「地主」でもある。

最後に彦七の要求を考えてみたい。彦七は、上納した一一年分の年貢を全額弁償しろ、と言っている。しかし一一年間の収穫高から年貢と借地料を差し引いた残りは、彦七の取り分になったはずである。法外な借地料を取られていたのかもしれないが、彦七の要求は借地権の補償額としては常識的には過大であると思われる。また、借地権の補償額を算定するにあたり畑代一八文（生産高）をその基礎数字にしている。一一年分の収穫で田畑が買えた（少なくとも借地できた）という現実が背景にあるのだろう。

村肝入と山岸御用前は、彦七の要求に応えるかたちで、清内屋敷を「半高除き屋敷」と決めたが、そもそも除き地とは武士が藩主から屋敷地を拝領するとき年貢免除にしてもらった土地のことであって、村肝入や給人が決められる事柄ではない。百姓の要求で百姓地の一部を「除き地」にしたのであれば、このことこそ「大事件」である。明治を迎える六〇年以上前に、土地制度の根幹が揺らいでいたことがわかる。

清内跡式を立てる

清内屋敷の五七年後の記録である。

深谷前谷地村御百姓養右衛門

口上書を以て願奉り候御事

一　拙者は、畑代一八文、七反四畝一八歩（二二三八坪）の土地を同村西谷地に所持しています。右の土地は先年まで拙者本家の清内と申す者の屋敷でした。清内の家族が残らず死亡しましたが、その節拙者方に跡式を継ぐにふさわしい者がいませんでしたので、しかたがなくその屋敷を御百姓預けとし、家屋を取り壊し、拙者方で畑として自由に耕作し、御年貢諸上納を納めてきました。

このたび拙者次男勘四郎が成人しましたので、右畑に家を建て、清内跡式を立てたいと存じます。御年貢諸上納につきましてもこれまで通り滞りなく納めますので、願の如く御下知下さいますよう親類連名を以てお願いします。以上

安政五年（一八五八）一〇月　願申上人　養右衛門

親類　勘三郎

地肝入　喜三郎殿

右の通り御百姓清内跡式を立てたいとの願書が提出されました。拙者（喜三郎）方にて折入り吟味しましたが、問題がないと思いますので、願の如く仰せ渡し下さい。以上

同年同月　　　　地肝入　喜三郎　判
村役ならびに御用人兼役
　吉田恒治様

右の通り順々に願い申し出がありましたので、願の如く下知申し渡します。以上
同年同月　斎藤友右衛門　御用前中
　地肝入　喜三郎殿

清内の家族が全員死亡した後、しばらくしてから「清内跡式」を立てた記録である。五七年前の記録と比較してみる。畑代一八文は変化なし。地積は七反七畝が七反四畝一八歩と七二坪減少しているが、同じ土地と考えて間違いない。

下畑で一反二〇文、下々畑でも一反一〇文であるから、七反四畝一八歩の畑代一八文は、いくらなんでも低すぎる。清内屋敷の大半が、元は給人家中の拝領屋敷だったことを物語っており、清内が山岸家中から買い集めたものと考えられる。

御百姓の相続の仕方について見てみる。

清内の家族が全員死亡したとき、分家筋の養右衛門方には清内跡式を継ぐにふさわしい者がいなかったので、清内屋敷は一時百姓預けになった。御百姓の相続人は年貢上納責任者になるので、一人前の男子でなければならないからである（武士は家禄を受け取る立場なので、幼児でも相続人になれた）。

清内跡式を将来養右衛門の子どもが継ぐことに周囲の者から異論が出なかったので、子どもが一人前になるまでの間、表向きは御百姓ら（五人組）がその土地を管理することにし、実際には養右衛門が屋敷内の家屋を取り壊し、畑として耕作して年貢も納めていた。やがて次男勘四郎が成人したので、養右衛門は地肝入に清内跡式を勘四郎に立てさせたいと申請した。

跡式とは「家」の相続財産を指す言葉であるが、「家」は家名・家産・家業が一体化したものと認識されていた。したがって清内家族全員が死に絶えても、「御百姓清内」は清内屋敷の名前とともにしばらくの間存続する。つまり屋敷や田畑の所有者は「家」であって「人」ではないのだ。人が死んでも「家」はしばらくの間死なないのである。

清内屋敷は山岸の知行内であるが、山岸は跡式問題について直接意見を言っていない。地肝入の吟味に任せている。地肝入が、関係者に説明（根回し）して全員の了解を得たようである。

最後に人間関係に注目してみる。

養右衛門の次男勘四郎が清内跡式を継いだ。願書に「親類勘三郎」とあるが、名前から判断して、勘三郎は長男の可能性が高い。養右衛門は長男を自分の家とは別に、独立した御百姓として立てたのであろう。そして、今また、次男を独立させた。

給人や給人家中が困窮化し、多くの農民も難渋する中で、養右衛門一家（三軒の独立した御百姓）が富を蓄積していく様子を垣間見る思いがする。

第二節　除き屋敷一軒「発見」

除き屋敷一軒「発見」し、手柄のあったものに褒美を与えた記録である。長い間百姓前の地所と間違えていた点では前節の出来事と共通するが、村肝入と論争していることから、当該の地所は蔵入地（藩の直轄地）と誤認されていたことがわかる。村肝入としては年貢収納高が減るので、除き屋敷と容易に認めることができなかった。

人によってわずかずつ文面が異なるが、そのわずかの違いにそれぞれが果たした役割が表れている。

阿部大蔵
西山主計

一　西谷地の除き屋敷一軒が先年から如何様の間違いか、除き屋敷の帳面から外れていた。それを下役の者どもが見出して村肝入に申し出た。村肝入のほうでもいろいろ吟味して一旦は除き屋敷ということで決着したのだが、またぞろ村肝入がそれでは具合が悪いので吟味し直すと言ってきた。この件につき阿部大蔵と西山主計の両名は相応の始末をつけて、右屋敷一軒を相出したのは大変に喜ばしいことである。両名は重役として一入骨折りをしたので、ご褒美として上様お召しの麻上下の拝領を仰せ付ける。

享和元年（一八〇一）八月一五日　朝五ツ半時（午前九時）　仰せ渡される。

高橋忠左衛門

一　西谷地の除き屋敷一軒が先年から如何様の間違いか、除き屋敷の帳面から外れていた。この件につき、其の方は村肝入による吟味に加わり、一旦は除き屋敷ということで決着したのだが、またぞろ村肝入がそれでは具合が悪いので吟味をし直すと言ってきた。それでも右の件につき相応に取り片付けて、右屋敷一軒を相出したのは大変に喜ばしいことである。ご褒美として上様お召しの麻上下の拝領を仰せ付ける。

同月同日

日野皆人

一　西谷地の除き屋敷一軒が先年から如何様の間違いか、除き屋敷の帳面から外れていた。其の方は、右屋敷は除き屋敷である由を担当者として村肝入に申し出て、吟味に加わり、村肝入がそれでは具合が悪いというのを相応に片付けて、右屋敷一軒を相出したのは大変に喜ばしいことである。担当者として持ち前の仕事とはいえ一入骨折りであった。ご褒美として上様お召しの麻上下の拝領を仰せ付ける。

同月同日

阿部権左衛門

一　西谷地の除き屋敷一軒が先年から如何様の間違いか、除き屋敷の帳面から外れていた。其の方は、右屋敷は除き屋敷であると担当者に申し出るとともに、村肝入の吟味にも加わり、相応に処置して、右屋敷一軒を相出したのは価値ある働きであり、大変に喜ばしいことである。ご褒美として上様お召しの麻上下の拝領を仰せ付ける。

同月同日

地肝入　義内

一　西谷地の除き屋敷一軒が先年から如何様の間違いか、除き屋敷の帳面から外れていた。其の方は、右屋敷は除き屋敷であると担当者に申し出て、村役人の吟味でも相応の働きをして、右屋敷一軒を相出したのは大変に喜ばしいことである。軽い役にもかかわらず、右の申し出を行い、特別に心遣いの行き届いた勤方である。ご褒美として上様お召しの袴《はかま》の拝領を仰せ付ける。

同月同日

村肝入は「当該屋敷地が除き屋敷では具合が悪い」と言っている。山岸給所内であれば、除き屋敷でも百姓地でも、村肝入にはほとんど関係がない。具合が悪いのは蔵入地だからである。間違いであると気づいたのは今度も地肝入義内である。前節でも指摘した通り、前年七月、山岸が義内に田畑六町七反二畝二四歩を「割り渡し」したことから、義内は年貢を割り付けるにあたって改めて「帳面」を確認したのである。その結果義内は屋敷地一軒が「（村肝入作成の）除き屋敷の帳面から外れていた」ことを見出したのであった。

山岸の給所を耕す農民が蔵入地も耕している場合、地肝入がその農民から蔵入地分も合わせて年貢を徴収していたと考えられる。そうだとすると、地肝入は、村肝入作成の高名附帳（蔵入地年貢台帳）を参照しないわけにはいかない。問題の屋敷地は村肝入作成の高名附帳には「畑」として登録されていた（屋敷地は検地では「畑」と登録された）が、地肝入はその土地が寛政二年（一七九〇）九月作成の『除キ屋鋪拝領軒数覚牒』に記載されていることに気づいたのであろう。

義内とともに真っ先にこの問題に取り組んだのは阿部権左衛門である。義内と権左衛門から報告を受けたのは日野皆人（義兵衛）。彼は担当者（原文では「向役」）であった。村肝入との折衝で力を発揮したのは高橋忠左衛門。彼は村肝入が「それでは具合が悪いので吟味をし直すと言ってきた」が、「それでも右の件につき相応に取り片付け」たのである。阿部大蔵と西山清右衛門については「両名は重役として一入骨折りをした」といっているが、具体的な働きは見えてこない。おそらく地肝入義内らに任せていたのであろう。

侍屋敷一軒の標準的な面積は五〇〇坪ほどである。それを「畑」として課税されると、中畑の場合は、毎年玄米四斗（米俵一俵分・六〇キログラム）ほど納入しなければならない。

ところで、記録では地肝入義内を「軽い役」と表現している。百姓身分だからである。褒美も、他の者たちが麻上下なのに対して、義内は袴であった。どちらが上等なのかわからないが、御百姓は麻上下を身につける機会がなかったのであろう。

第三節　養子縁組

江戸時代は武士も農民も「家」制度のもとにあった。「家」制度では、長男が「家」を単独で相続する建前であった。次男以下の男子が相続することもあったが、女子が相続することはなかったから、相続すべき男子のいない「家」では養子を迎えることになる。江戸時代中期以降は少子化社会だったこともあって、養子縁組が頻繁に行われた。山岸の家中・足軽一二軒が一軒残らず二〇〇年間存続したのは「家」制度と養子縁組のお陰である。『御用留』には結婚よりも養子縁組の記録のほうが多い。

婿取り

山岸御家中家並四番目の日野家で、娘に婿を取った記録である。

一　恐れ乍ら口上書を以て願奉り候
遠田郡涌谷安藝様御家中野田喜蔵次男、同氏儀兵衛当年二七歳を、このたび拙者婿養子に縁組仕りたく存じます。御上様においてて御差し支えなければ、願の如く仰せ付け下さいますよう願奉ります。
天保四年（一八三三）一一月　　日野運治　花押
斎藤喜平殿
鈴木貢殿

涌谷伊達安藝は二万石余の「伊達一門」である。日野家では男子に恵まれなかったのであろう。涌谷伊達安藝御家中野田家の次男を娘婿に取った。野田家も日野家も伊達の陪臣という意味で同格である。野田儀兵衛は婿入りして日野儀兵衛となり、御用前斎藤喜平・友右衛門の親子二代の後ろ盾となった人物である。

婿入り

山岸家中の「家」から他家に「婿入り」した記録はわずかしかない。山岸御用前にとって「婿入りする者」は山岸家中から「出ていく者」なので、その記録を残す必要がなかったからであろう。

その貴重な婿入りの記録に、喜三郎は二度登場する。一度目の記録は、婿入り先から山岸御用前に提出されたものである。

佐藤六郎兵衛次男　喜三郎

右の者、武田幸七郎様御家中真籠学より婿養子にしたい旨、願が出ていますので、御差し支えがなければ、人別払い証（転出証明書）を渡部仲右衛門宛にお出しいただきたい。

安政四年（一八五七）二月

武田幸七郎は前谷地村の隣村、和渕村の給人で石高は一一八四石。喜三郎はその御家中真籠家に請われて婿入りした。

その二年後、喜三郎は二度目の婿入りをする。左は、喜三郎の父親からの願書と喜三郎を婿に迎える側からの願書である。

恐れ乍ら口上書を以て願奉り候

一　わたくしの次男、喜三郎は当年二七歳になります。このたび、同御家中高橋忠七の婿養子に取り持つ人が御座います。御上様において御差し支えがなければ、縁組したいと思いますので、願の如く仰せ付け下さいますよう願奉ります。

わたくしの知行高は田代三五〇文に御座います。

安政六年（一八五九）六月三日　　佐藤六郎兵衛　利次重判

吉田恒治殿

恐れ乍ら口上書を以て願奉り候

一　わたくしの娘女ふみは当年は一七歳になります。このたび、佐藤六郎兵衛次男喜三郎を婿養子に取り持つ人が御座いますので、御上様において御差し支えがなければ、縁組したいと思います。この段、よろしく願奉ります。

安政六年六月七日　　高橋忠七　重判

斎藤友右衛門　御用前中

吉田恒治殿

喜三郎は真籠家との縁組を解消して、山岸御家中家並五番目の高橋家の娘婿におさまった。

結婚や養子縁組の願書に知行高を書き入れるのは、両家の「つりあい」がとれていることを示すためである。家格の差が大きい縁組は、上下の秩序を壊すものとして忌避された。とりわけ婿養子に入る男性側の家格が低いと「身分違い」とされて、縁組が認められないこともあったようである。

家督養子

左の願書は居家の移築願であるが、地肝入喜三郎が幼弱な次男を御百姓の家督にする内容が含まれている。

深谷前谷地村地肝入喜三郎
　恐れ乍ら口上書を以て願奉り候御事

一　先年奉公人前の土地に、格別の思し召しを以て拙者の居家を建てさせていただきましたが、所持する田畑から遠くて不便をしておりました。
このたび、旦那（山岸）様給所を耕作する御百姓萬蔵と申す者が病気になり、家督もなく、今後御百姓を続けるのが困難になりましたので、拙者次男幾三郎を萬蔵家督にしたいと思います。幾三郎は至って幼弱ですので、拙者は家族全員で萬蔵屋敷に引き移るつもりです。そうすれば、住居から拙者の田畑も萬蔵の田畑も近くて便利ですので、末々まで農業に精進することができます。

右のような次第ですので、拙者居家を引き移したく、親類連判を以てこの段お願いします。

　安政六年二月　　願申上人　地肝入　喜三郎

吉田恒治様

親類　陸《カ》右衛門

地肝入喜三郎の父郷右衛門も地肝入を勤めた人物である。本来なら地肝入役が郷右衛門から郷右衛門家督（長男）に引き継がれるところであるが、地肝入役はすぐれた筆算能力を必要とする関係から、五男喜三郎に引き継がれた。喜三郎は父の所持する奉公人前の畑に居家を建ててもらい、実家の百姓仕事を手伝うかたわら地肝入の仕事をしていた。

しかし父の死後、喜三郎は実家を継いだ兄と不和になり、立ち退くように要求された。立ち退きを求められた喜三郎は、幼弱な次男幾三郎を御百姓萬蔵の家督にするとともに、家族全員で萬蔵の屋敷に移ることにした。右記録は、その際、喜三郎が父に建ててもらった居家を萬蔵屋敷に移築する許可を願い出たものである。

喜三郎の長男が登場しない。早世したか他家の養子になったかなどしたと思われる。幼弱な次男幾三郎は自立することができないので、父喜三郎とともに萬蔵屋敷に移ることにした。家督もなく病気になった萬蔵にとっても有り難い話だし、「百姓株」をもたない喜三郎にとっても、幾三郎を御百姓にできるのだから願ってもない話だったと思われる。

末期《まつご》養子

恐れ乍ら口上書を以て願奉る御事

一　拙者弟横尾備は長患いをしております。昨日二七日昼頃病気が悪化し、残命計りがたくなりましたので、御役御免にして下さいますようお願いします。実娘しのは今年九歳になりますが、親類に新田町在住又衛次男元馬当年一一歳がいますので、元馬を家督に仰せ付け下さり、進退（身代）を間違いなく相続させてくださいますようお願いします。そのようにさせていただきましたならば、末々とも引き続き御奉公申し上げたいと存じます。何卒御憐愍を以て願の如く仰せ付けられますよう、この段宜しく仰せ上げくださいますようお願いします。

文化五年（一八〇八）八月二八日　西山清右衛門

日野皆人殿

右願書については、余儀なき義であるので、日野皆人宅にて願の如く申し渡されました。

同年同月

横尾備は西山清右衛門の弟であるが、詳しいことはわからない。

横尾備が「残命計りがたく」なったので、娘しの（九歳）と親類元馬（一一歳）を将来結婚させる含みで、元馬を養子家督に願い出た記録である。

武士身分の者は家の相続に主君の承認が必要であったから、嗣子《しし》がないまま死去すると、改易になり身代（財産・家禄）を没収される建前であった。そこで、嗣子のない主人が急に重体になったとき、急いで養子願を出すことが行われ、末期養子、急養子などと呼ばれた。実際には死亡直後に末期養子願が出されることも多かったようである。

藩士の家中・足軽は実態はともあれ、公式に武士身分とされたので、山岸家でも末期養子願を提出させたのである。

第四節　家中・足軽の事件簿

喧嘩、勤務不良、米密売、買禄、失踪など、家中・足軽が関係した事件を年代順に並べてみた。幕末に近づくにつれて事件の様相が変わることに注目してほしい。

酔っ払い勤務事件

喜惣兵衛

一　其の方は一四日涌谷町へ御用を仰せ付けられ罷り越すとき、大切な品を持参していながら酒に酔い、右御用物を川に入れてしまい、御用の役に立たないほどにしてしまったことは甚だ不届である。厳重に処罰すべきところではあるが、このたびは格別の配慮を以て戸結を命じる。

享和元年（一八〇一）八月一五日

右の通り喜惣兵衛は戸結を言い渡されたが、一八日暁六ツ時（午前六時頃）許された。

なお、同人は酒故の不調法なので、以後御用の軽重にかかわらず御用のときは酒を堅く禁じられた。それでもなお御用の際に酒を飲もうをするときには、覚悟いたすべき事。

前谷地西谷地の山岸屋敷から涌谷町へは、江合川を龍ノ口付近で渡船するのが一般的である。喜惣兵衛は渡し賃を惜しんだのであろうか。飲んだ勢いで徒渉しようとして川の中で転んだものと思われる。なお、戸結は足軽以下の下級家臣に対する刑罰である。喜惣兵衛は一五日に言い渡されて一八日早朝には許されたから、戸結は四日間だけであった。

【コラム】戸結と閉門

百姓や足軽は屋敷の入り口に門を構えることを禁じられましたから、監禁の刑罰のとき家から出入りできないように、家の戸口に竹を結わえ付けました。これを戸結といいます。一方武士や僧侶は屋敷の入り口に門を構えましたから、監禁の刑罰のときは門を閉じて窓を塞ぎました。これを閉門といいます。同じ監禁の刑罰でも、屋敷の構造によって刑の執行方法が異なりました。

大身の給人以外、給人は御百姓に刑罰を加えることを禁止されましたが、右の記録から家臣に対する刑罰は一定範囲で許されたことがわかります。

御用前を勤めた西山家は今でも「中門」を構えています（第二章扉参照）。その姿は江戸時代からの「家格」を感じさせてくれます。西山は伊達の直臣ではありませんが、家格が「山岸家の準一家」ということで、中門を構えることが許されたようです。

喧嘩を繰り返す中間《ちゅうげん》林八

御足軽林助子ども　林八

一　其の方は先年不届のことがあり御改易になったのであるが、今年の春、横山蔵之丞が御上様にお詫び申し上げて、其の方の当村への出入りが許された。その後御屋敷にも出入りが許され、御家老西山主計と阿部大蔵両人からも御上様にお詫びを申し上げたところ、林八は召し返されることになった。林八の給分（給料）は年間、九切半である。同年六月二日より

享和元年八月

前年に「不届のこと」があり改易（懲戒解雇）になった林八が、親戚の横山蔵之丞や御家老らの口添えにより召し返された。ところが、その直後に再び喧嘩をして捕らえられる。

一　中間林八は、先月（八月）三〇日夕暮れ時、百姓長四郎方で喧嘩をした。長四郎は林八を捕まえ、山岸に吟味してもらうために林八を山岸御屋敷御台所に押し込めた。山岸の担当者は事情を聞き取り、林八の罪は軽くないと判断し、林八の身柄を山岸家から村肝入に移すことにし、その旨を村肝入に連絡した。そこで長四郎と組頭栄之丞らが林八の身柄を引き取りに来た。その後村肝入から吟味の様子を数度報告してもらったりしているうちに、林八の親類我妻義蔵が長四郎と組頭栄之丞に内済（示談）にしてもらいたいと頼み込んできた。長四郎と組頭栄之丞は、我妻義蔵らにも拠ん所なきわけもあると考えて、山岸の担当者に今後同じようなことを起こさせない旨の始末書を指し出してほしいと、書

面で連絡してきた。

中間　林八

一　其の方は先年も同じようなことをして御改易になり、それから年数も経たないのに、またしても同じ間違いを犯し、重々不届である。吟味をして厳重に処罰すべきところではあるが、御家老どもが品々お詫びを申し上げるので、此度に限り格別の思し召しを以て右様の義をこれ以上吟味しないので、以後堅く身を慎み御奉公しなさい。

右の通り九月五日に内済にしました。

ただし、中間林八は、九月五日まで縄目にて、組頭栄之丞方に預けておきました。

享和元年九月七日

林八は山岸の中間として奉公をしている。中間は武家に雇われている間は武士身分として扱われる。喧嘩相手は百姓長四郎。長四郎は前谷地村肝入の管理下にあり、一方の林八は山岸の管理下にある。山岸の担当者は林八の罪が軽くないと見て、林八の処罰を村肝入側に任せた。

刑罰には被害者の処罰感情（被害者が加害者に報復したいという気持ち）を実現するという側面があるので、被害者である長四郎側（村肝入側）に林八の身柄を引き渡して、処罰を任せたのである。

喧嘩の現場が山岸屋敷内ではなく百姓長四郎方であったことも、身柄を引き渡す際の判断材料になったと思われる。給人家中（といっても中間だが）と御百姓の喧嘩だからといって、給人側が当然のように裁判権をもつことにはならなかったことが注目される。この事件では、村肝入が中間林八は百姓身分であると見なして処罰したようである。

百姓長四郎の側が求めてきたのは、林八の始末書ではなく、山岸（担当者）の始末書である。原文では「此の末、右様の義は勿論、慮外等まで仕らせ間敷由、始末指し出し候様云々」といっている。

最終的には、山岸では林八に対してこれ以上吟味しない、以後堅く身を慎むべしと、寛大な処分をした。村肝入側も林八を八月三〇日夕暮れ時から九月五日まで縄目（縄で結わえる刑罰）にし、山岸から始末書を取ったことで納得したようである。

林八、家督を継ぐ

足軽　林八

一　其の方は、去年中、中間奉公を首尾よく勤めたので、林助の家督を仰せ付ける。

享和二年（一八〇二）二月

喧嘩っ早く、たびたび事件を起こした林八が、昨年九月以降無事に中間奉公を勤め上げたようだ。足軽林助が隠居して、息子の林八が足軽身分を継いだ。

【コラム】一人

江戸時代の「一人」は、現代の「家一軒」「一家族」に相当する言葉ですが、大きな違いもあります。

「足軽林助子ども林八」を例に考えてみます。足軽の身分をもつのは林助家族の中で林助一人だけです。林助の子ども林八は足軽ではありません。あくまでも「足軽林助子ども」なのです。林助の父親が存命であっても家督を林助に譲ってしまえば、「足軽林助親某」となります。

当時家数を一軒二軒ではなく一人二人と数えた背景には、このような身分意識が働いていました。

百姓身分をもたない、名子、水呑、添人、下人、借家などは一人に数えられませんでした。

鈴木利右衛門、行方不明事件

恐れ乍ら願奉り候御事

一　あなた様の御家中鈴木利右衛門は拙者どもの親類で御座います。昨年正月、御用を仰せ付かり仙台に上りましたが、御用先から行方がわからなくなりました。同人親鈴木宇右衛門はもちろんのこと親類一同が寄り集まって吟味を尽くし、心当たりのところを探しましたが見つかりませんでした。当時宇右衛門は隠居の身でしたが、御加恩を以て跡式身代を宇右衛門に戻していただき、大変有り難く思っております。しかしながら宇右衛門は老体で、御奉公もできかねますので、鈴木五藤太を家督に仰せ付けていただき、現在五藤太が御奉公を勤めているところです。

利右衛門は拙者どもにとってかけがえのない親類ですので、その後遠近知り合いの者まで頼んで探しましたところ、先月初め、桃生村の者が江戸より帰ってくる途中、伊達領に入った辺りで利右衛門に出会いました。利右衛門は狐にでも憑かれたような様子でまったく正気がなく、空言ばかり話し、何を尋ねてもまともな答えは返ってきませんでした。利右衛門が仙台に持参した御用物も懐中に見当りませんでした。そこで、近辺の者に利右衛門を預かってもらい、拙者どもまで知らせてきたという次第です。

さて、利右衛門について、たとえ親類といえども、あなた様に御願など申し上げ難いことは充分に承知しておりますが、先祖より捨てがたい義理もありますので、所在がわかった今となっては打ち捨てておくわけには参りません。それでは親類の情合（情愛）もまったく失うことになります。したがいまして、正気をなくした者ですが、遠方の親類にでも引き取ってもらい、薬用を加えたいと存じます。重き不調法者について親類どもが願書を提出するのは畏れ多いことと存じますが、御慈悲を以て願の如く御下知くださいますよう御願い申し上げます。

同人親、鈴木宇右衛門は御家恩を以て永く御奉公を勤めてきた者に御座います。何卒御憐愍を以て願の如く仰せ付け下さいますよう御願い申し上げます。

ただし、失った御用物、御用金などは拙者どもが弁償いたします。牛網村御百姓惣助が利右衛門を引き取り薬用を加えたいと申しております。よって親類連判を以て右の通り願奉ります。

享和元年（一八〇一）一一月一七日

前谷地村御百姓　宇右衛門親類
忠右衛門
牛網村御百姓　宇右衛門親類
惣助
桃生村御百姓　宇右衛門親類
久右衛門

山岸左太郎様御内
高橋忠左衛門様

右の通り願い出てきました。願の如く御下知下さいますよう御願いします。
同年同月　高橋忠左衛門
西山主計殿
右の通り、同月二〇日　高橋忠左衛門宅にて申し渡しました。

鈴木利右衛門が、御用を言いつけられ仙台に上った際に行方不明になった事件である。行方不明から一年一〇ヶ月後に発見され、最終的に親類に預けられることで決着した。鈴木利右衛門が「重き不調法者」だったにもかかわらず、なぜ改易にならなかったのか。一つには正気を失っていた、つまり故意ではなかったからだと思われる。我が国の刑罰思想は、行為の結果よりも動機を重視する傾向が強い。その表れと考えられる。

二つ目は、改易にしたり村から追放したりしても問題解決にならないからである。自由な労働市場があるわけではないので、解雇されても行くところがない。改易や追放刑は無宿人を増加させ、社会を不安定化させるだけである。不祥事を起こした者は、親類や五人組で面倒を見る以外、選択肢はなかった。

三つ目として江戸中期以降、「御慈悲」「御憐愍」のある政治を支配者に求める世論が強くなったことが挙げられる。研究者はこれを「仁政イデオロギー」と呼んでいる。領民から「仁政」を求められたとき領主はそれを拒むことが難しかった。

なお、家中鈴木利右衛門の親類として名前を連ねている三人がすべて御百姓である。家中（陪臣）と御百姓との身分差が非常に小さかったことがわかる。

足軽の勤務不良事件

御足軽　西山源之丞
其の方は、仙台に御用を言いつけられたとき何日も逗留し、担当役からそのわけを糺されて、途中で足が痛くなったと言い訳をしたそうだが、このたびに限らず御用を言いつけられたとき同様のことが何度もあったということである。その様な致し方は、上を欺き、役頭を軽んじるもので、厳重に吟味されるべきであるが、格別の御吟味を以て、謹慎処分とする。
よって、嫡子万大に番代奉公を命じる。

右の記録に日付が記されていないが、前後関係から文化七年（一八一〇）の記録と考えられる。足軽源之丞の勤務ぶりがあまりによくないので、嫡子万大に父の代わりの奉公を命じた記録である。足軽は公式には姓を名乗れないはずであるが、この記録では冒頭に「御足軽西山源之丞」とあり、家中身分と足軽身分の区別がまったく「いい加減」になったことがわかる。この後、足軽身分は社会的に消滅の方向に向かい、幕末には御家中身分に包摂されたと思われる。

米密売事件

支倉貫人

一　其の方が召し使っている秋田生まれの紋吉が昨年冬、米を密売したことが明らかになり、先月（一月）一五日に御沙汰があり追放に処せられた。元来、米の密売は御法度で、近年厳しく取り締まっているところであり、御用前西山清右衛門から厳重に申し渡されているはずである。したがって、紋吉の米密売は甚だ不都合至極であり不届きである。右様の不都合を行ったのが召使いであっても、其の方の落ち度というべきであり、重々不届きと言わざるを得ないが、此度は格別の御宥免を以て、足軽に身分を下げる旨　御意の事

なお、貫人の屋敷は玉造川沿い遠田郡境なので、西山源之丞屋敷に移しなさい。

文政一三年（一八三〇）二月一五日　仰せ渡されました。

支倉貫人が使用人紋吉の米密売の廉《かど》で監督責任を問われ、足軽に落とされた記録であるが、本当に足軽

に落とすのであれば、右記録の冒頭が「支倉貫人」ではなく「貫人」でなければならない。足軽に落とすというのは口先だけであることが見え見えである。この時期、足軽が家中に包摂されつつあり、足軽に落とす処分が実質的な意味をもたなくなったと思われる。

なぜ、このような緩い処分になったのか。

仙台藩は米の専売制を敷いて、米の密売を厳しく取り締まったといわれているが、この年の江戸廻米量は最盛期の半分以下に減少した。江戸で低米価が続き、江戸に米を送ってもほとんど儲からなくなったのである。数年後には米の相対取引が解禁される。すなわち、秋田生まれの紋吉が米の密売事件を起こしたときには、米専売制が存在意義を失いかけていたのである。

天保の大飢饉以来の帰郷

支倉源左衛門

一 其の方は天保五年、御難渋につき夫婦倅《せがれ》ともども御城下屋敷でご奉公したいと願い申し上げ、仙台勤務になったのであるが、同六年になって事情があって御暇《おいとま》（休職）になられ、他所に勤務していたのであったが、同八年八月前谷地村に戻り、今年より本身代に戻された。

天保九年（一八三八）一月　鈴木貢　御用前中

天保四年から大凶作が始まった。同五年、支倉源左衛門夫婦は事態を打開しようと考えて仙台勤務を志願した。ところが同六年再び大凶作になり、「事情があって」と表現しているが、山岸から暇を出されたようである。

天保の大飢饉のとき、仙台藩は在郷屋敷のある藩士に田舎暮らしを薦めた。山岸左太郎が前谷地村に戻ったという記録はないが、仙台屋敷で複数の家臣を召し使って生活するわけにはいかなくなったのであろう。

山岸から暇を出された源左衛門が二年間どこで何をしていたのかわからない。太平洋側が大凶作で、日本海側が平年作だったから、「秋田生まれの紋吉」を頼って、秋田に出稼ぎに行った可能性もある。天保八年八月、源左衛門は、今年は豊作が確実とわかり、帰郷した。彼は村を離れていた間（天保五年から同八年七月まで）自分の田畑を誰かに委託していたのであろう。村に戻り「本身代に戻された」とは、所持地の一部をもとのように「知行地」扱いにしてもらったという意味であろう。

吉田鎌《カ》、失踪事件

吉田　鎌

一　人相　　色黒く　角頭
一　長　　五尺三寸余（約一六〇センチメートル）
一　古木綿　　綿入れ　一つ
　　ただし、表嶋　裏千草はぬへ
一　古木綿　　一重物　一つ
　　ただし、こふ子嶋

一　古小倉帯　一筋
右の三品を携えて、三月一二日の夜、行方不明となりました。拙者どもで遠近ならびに国境まで心当たりのところを尋ねましたが、行方知れずです。よって、親類組合連判を以てご報告します。以上
天保九年（一八三八）四月
親類　□吉　判
組合　西山弥五右衛門　判
同　支倉源左衛門　判

失踪した吉田鎌は、家中吉田豊治の嫡子である。鎌は三月一二日、春の農作業が始まる直前、着の身着のままで失踪した。親類と五人組は規定の日数捜索した上で、山岸に届け出た。天保の大飢饉から立ち直りかけたときだけに、村人の衝撃は大きかったと思われる。

妻と先夫の子への虐待事件

鈴木文五郎
一　其の方は鈴木貢の末家筋に当たり、先年鈴木貢を通じて願書を指し出し、天保九年山岸に召し抱えられた。その際、貢の伯父吉田豊治の娘のへと結婚した。のへには先夫の子恒治がいた。その後豊治が死亡して家屋敷を含めすべての跡式を其の方が相続することを認められた。しかるに天保一〇年（一八三九）七月頃より、幼少の恒治と妻のへに、一日二食しか与えないという非道の取扱をするようになった。そのとき親類たちから注意されたり教諭されたりしたが、聞く耳を

もたず、なおさらに理由もなく恒治と妻のへに暴力を振るうようになり、ついには数日の間まったく食べものを与えないようになった。妻のへは夫に耐えきれなくなり、恒治を連れて親類佐□□門方へ助けを求めて駆け込んだ。

五人組の者どもが其の方の居宅で話し合いをしようとしたが、其の方はそれに応ぜず、末家筋様（文五郎の実家か？）に駆け込み、自分に不都合なことは隠して、五人組に自宅から追い払われようとしているなどと訴えたのは、重々不都合である。

その後取り調べた結果、事実は其の方の供述と相違するものであった。七歳になる恒治に打擲《ちょうちゃく》するのみならず、死にそうになるまで食事を与えない非道の致し方をしたことは間違いない。人情を失う不法の致し方、重畳不届き至極である。よって身代を召し上げ、御知行所から追放する。御意の事

天保九年、嫡子・鎌が失踪したので、吉田豊治は親戚筋の鈴木文五郎を養子に迎え入れ、先夫の子を抱えた娘のへと結婚させ、その数ヶ月後に死去した。豊治の身代（家屋敷・田畑など）は文五郎に引き継がれた。

相続して一年後、文五郎は妻と先夫の子に十分な食事を与えないようになった。家庭内で虐待が起きたのである。虐待事件は現代でもよく起きるが、問題解決の道筋は今とは大きく異なる。

まずは親類縁者で問題解決を図るのが当時のルールであった。この事件でもまず初めに親類たちが注意したり説教したりしている。

妻が助けを求めて親戚に駆け込む事態になると、親戚だけでは埒があかないとみて、五人組が乗り出し

た。ところが文五郎は五人組の話し合いに応じない。「末家筋様」から応援を得ようとするので、五人組では問題を山岸の担当に申し送った。給人家中にとって給人の「沙汰」が最終処分である。山岸は文五郎に、「身代を召し上げ、御知行所から追放する」と処分を言い渡した。

このとき「鈴木文五郎」宛で処分を言い渡している。娘婿になったとき「吉田文五郎」と姓を変えたはずであるが、「身代を召し上げ」られた際に吉田姓も一緒に召し上げられたのである。

なお、この処分の正確な月日はわからないが、『御用留』の前後の記録から、天保一一年夏頃と考えられる。虐待が表面化してから処分まで丸一年を要したようだ。

地肝入郷右衛門、「御家中」に身上がり

天保の大飢饉が終息した後、前谷地村の山岸給所を管理する地肝入郷右衛門に御賞を与えた記録である。

御家中　郷右衛門

一　其の方は、地肝入役を一〇ヶ年以上勤め、凶作などの節には御知行に細かに心を配り、年貢収納に心がけた。その上、御月割金を数ヶ年滞りなく指し上げるなど、諸事にわたるその働きは甚だ立派である。しかしながら至極御難渋の時節なので、御賞として奉公人前高その身一代限り田代二五〇文を与える。持高は地肝入役を勤めている間、無小役とする。

天保一一年（一八四〇）一二月　仮扱役　斎藤友右衛門

御家来　斎藤喜平

同　鈴木貢

地肝入郷右衛門は百姓身分であったが、一〇年間地肝入を「深切に」勤めた御賞として、一代限りであるが「御家中」に身上がりした。

ところで、「御家中」は姓を公に名乗ることを許された身分であるにもかかわらず、この文書では「御家中」と言っておきながら「郷右衛門」に姓をつけていない。したがって、郷右衛門は旧来の足軽身分だと思われる。この時期には「足軽」が「家中」に包摂されたことはすでに述べたが、「足軽」という言葉すら使用されなくなったようである。

「御月割金」は給人が地肝入役から徴収した役料だと思われるが、確かなことはわからない。財政難に陥った幕府が大名に「上米《あげまい》」を強要したように、また、仙台藩が藩士に「五分一役金」を納付させたように、給人は地肝入らに「月割金」を出させたのであろう。それぞれ実施の主体や年代は異なるが、家臣に負担を押しつけるという発想は共通している。

「月割金」を数年間納めて御家中身分を買った、すなわち、月賦で御家中身分を買ったと解釈することもできる。山岸は、郷右衛門に御家中になった証として田代二五〇文（水田二反・六〇〇坪ほど）については「奉公人前（家中の知行地）」として低い年貢率を適用し、小役もかけないことにした。

日昇、買禄の一件

恐れ乍ら口上書を以て願奉り候事

一　成田義三郎様御家中渡部源五左衛門は先年改易になり、前谷地村に戻りました。
（中略）

日昇は当年六五歳で妻子がいます。このたび御上様（山岸）御家中にしていただき、末々御奉公したいと申しておりますので、御憐愍を以て願の如く成し下されたく、拙者ども親類につき、かくの如く願奉り候。以上

天保一三年（一八四二）八月　　親類　西山嘉馬　判

同　　生出勇治　判

鈴木織衛殿

紙面写

一　主人（成田義三郎）御家中渡部源五左衛門倅日昇が御主人（山岸勝之進）様御家中に召し抱えられるについて差し支えの有無のお問い合わせをいただきましたが、差し支えは御座いません。

天保一三年　　成田義三郎内　永山清之進

山岸勝之進様御内

西山昌右衛門様

一　日昇は、佐藤六郎兵衛跡式、田代三〇〇文の御知行を与えられ、佐藤六郎兵衛と名前を改め、召し抱えられました。

なお、一一月一五日斎藤喜平宅で、西山嘉馬同席にて仰せ渡されました。

右は、日昇（日蓮宗の僧侶か）が献金して「佐藤六郎兵衛跡式」を継いだ（買い取った）記録である。献金のことは文面に表れていないが、家中に召し抱えられたり、他家の跡式を継いだりするとき、「献金」が必要なことはこの時代の常識みたいなものである。

日昇の父、源五左衛門は前谷地村の御百姓である。彼も献金して成田義三郎様「御家中」の身分を買い、渡部姓を名乗ったのであるが、武家奉公が続かなくて（ばかばかしくなって？）前谷地村に戻ったようである。

日昇は、出家して僧侶として生きてきたようであるが、六五歳になり妻子を連れて父のもとに戻ってきた。彼は、親戚の西山嘉馬と生出勇治を通じて、山岸「御家中」に召し抱えてほしい旨を願い出た。もちろんそれなりの「金は積む」という条件である。そこで山岸勝之進は、「佐藤六郎兵衛跡式（田代三〇〇文の御知行）」を日昇に与える（買い取らせる）ことにした。

日昇は山岸に御家中として召し抱えられると同時に、「佐藤六郎兵衛跡式」を継ぎ、自身も佐藤六郎兵衛と改名した。

この時期になると、幕府直参の御家人が困窮して、御家人株（家督相続権）を半ば公然と売るようになる。勝海舟の祖父が御家人株を買って御家人になった話は有名である。滝沢馬琴も御家人株を買って武士に身上がりした。仙台藩でも藩に献金すれば、百姓に帯刀御免（五〇両）、百姓に名字御免（一〇〇両）、百姓から組士（五〇〇両）、百姓から大番士（一〇〇〇両）などと、金で武士の特権を得たり身上がりしたりすることが公然と行われた。

給人と御百姓の間でも、同じ社会現象が起きたのである。裕福な御百姓が給人に献金して「御家中」の身分を得て、苗字を名乗り絹の着物を着て二本差しを帯びる特権を得たのである。

知行を質に入れてしまい、年貢収入が減少し困窮した給人が、最後に売却したのが武士の特権と権威だったと考えれば納得がいく。

支倉進、改名の一件

恐れ乍ら口上書を以て願奉り候御事
一　拙者の先祖に支倉文右衛門と申す者がいました。文右衛門には実子がなく、他家から養子を取り、拙者代まで御奉公を続けております。つきましては拙者も右先祖の名を受け継ぎ、文右衛門と改名したいと存じますので、御上様に於いて御差し支えがなければ、願の如く仰せ付け下さいますようお願いします。以上
萬延二年（一八六一）正月一一日　　支倉進
吉田恒治殿
右の通り願い済みにつき、この段、申し渡しました。
同年同月　　斎藤友右衛門　御用前中

櫻井伸孝氏の支倉家墓地調査によると、初代支倉文右衛門は安永三年（一七七四）一一月一四日に死去している。二代目文右衛門は慶應元年（一八六五）一〇月一九日、四二歳で没しているので、支倉進がこの願を出したとき、彼は三八歳であった。

先祖の文右衛門には実子がなかったと言っているが、支倉進には長男顕蔵がいたので、その点ではふたりは共通していない。

支倉進が改名を思い立ったのは、時代の風潮に流されてのことかと思われる。

幕府は安政五年（一八五八）日米修好通商条約を結び、海外との貿易を始めた。貿易開始の翌年七月下旬から八月にかけて、外国から持ち込まれたコレラが仙台領石巻に初発、そこから女川、渡波、蛇田、塩釜、荒浜、気仙沼などの海岸地帯に広がり、さらに内陸地方の涌谷、古川に及び、多数の犠牲者を出した。登米の良寿院ではコレラ退散の祈禱が行われた（『宮城縣史2』）。

コレラ禍をきっかけにして、仙台領内でもいっとき攘夷の気運が高揚した。支倉進の突然の改名願はそのような時代の風潮に流された結果ではないかと思われる。進は、自分の名前が「新しすぎて」気に入らなかったのかもしれない。老齢に近づき、古風な「文右衛門」という名が、自分とご先祖さまをつないでくれるような気がしたのだと思う。

なお支倉進は吉田恒治宛に改名願を出している。恒治は「虐待事件」で幼児虐待された人物であるが、立派に成人したようだ。

終章

前谷地村の明治維新

前谷地村黒沢の斎藤家。天保14年（1843）に建築された本宅
（出典：『わがまち河南の文化財』）

前谷地村の豪農斎藤善右衛門（九代目）は、明治維新後、自作農と酒造業を止めて、地元農民への貸付業に専念した。さらに不動産管理会社を買収して巨大地主にのし上がった。一〇代目斎藤善次右衛門は、小作争議「前谷地事件」で農民を徹底的に弾圧した。

村人のひとりは「死後も斎藤善次右衛門をにらみつけていたいから箟嶽《ののだけ》山に葬ってくれ」と遺言し、箟嶽山中腹に埋葬された。

奥羽列藩《おううれっぱん》同盟の盟主として戊辰戦争を戦った仙台藩は、明治元年（一八六八）九月一五日に政府軍に降伏し、六二万石から二八万石に領地を削減された。山岸給所のある桃生郡と牡鹿郡は高崎藩預《あずかり》地（取締地）、栗原郡は宇都宮藩預地（取締地）になり、仙台藩から切り離された。

前谷地村の豪農・斎藤善右衛門（九代目）は、桃生郡が仙台領から外されたので、士分（大番士格）を保つために仙台に移り住んだ。高崎藩が自藩預地に居住する仙台藩士に立ち退くように迫ったからだと言われているが、真偽のほどはわからない。ともかく斎藤善右衛門が明治元年一二月頃から明治三年（一八七〇）一〇月まで仙台在住だったことは種々の記録から明らかである。

山岸傳三郎については記録はないが、家禄奉還が決定するまで仙台屋敷に居住したと思われる。終章では、山岸家中ならびに斎藤善右衛門が明治維新の変革にどのように対応したか、見ていく。

斎藤善右衛門宅、襲われる

明治元年仙台藩が降伏した当時、藩内には降伏に不満をもつ藩士が多くいたし、旧幕府軍も来ていた。彼らは松島や石巻に集結し、一〇月始めに榎本艦隊に合流して箱館に向かった。

翌明治二年（一八六九）の正月末、箱館に渡った旧幕臣が「脱走世話人」となり、石巻に潜入して箱館へ脱走しようとする者を集めだした。それに呼応して脱走を試みる者らは、裕福な家を襲い金銭や米などを強請り取り、形だけの借用証を置いていく騒ぎを起こした。脱走経路となった野蒜《のびる》（現・東松島市野蒜）から石巻、渡波（現・石巻市渡波）周辺で被害が多かった。

同年四月一日、四ツ（午前一〇時）過ぎ、旧仙台藩士二ノ関源治を隊長とする一団（三〇〇人ほど）が、前谷地村の斎藤善右衛門宅を襲った。彼らは「仙台藩再興のために松前表へ出動する故、軍用金と軍需品を差し出せ」と強要した。家人らが「主人不在」と告げると、番頭をおどして数棟の土蔵を開けさせ、金銭や刀剣などを奪い、馬一八駄で和渕町に運び、その夜のうちに船で気仙沼へ向けて出発した。略奪された金品は左の通りであった。

・古金銀貨二二〇〇両余
・古銅銭二万五〇〇〇文
・鉄銭三二〇〇文
・改正藩札一七三枚
・大小刀、衣類、雑品数千点

二ノ関源治は五月一一日、箱館五稜郭の激戦で、土方歳三らとともに戦死した。斎藤善右衛門は、明治三年一〇月、家禄を奉還して前谷地村に戻り、帰農した。

家中の土地所有権問題

明治二年一月二三日、薩摩・長州・土佐・肥前の四藩は朝廷に版籍奉還を提出したが、その冒頭で、すべての土地と人民は天皇に本源的に帰属するという「王土王民」の国体論を披瀝《ひれき》した。多くの藩が薩長土肥の四藩に倣って版籍奉還をした。

山岸御用前の斎藤友右衛門がこの国体論を承知していたかどうかわからないが、山岸知行を天朝に上地するため、同年三月、寛文七年の前谷地村検地帳を筆写した。

その後、藩の解体過程で、百姓（蔵入百姓・給所百姓）と直臣の手作り地は所有権を認められたが、陪臣の名請地は所有権が認められなかった。すなわち山岸家中は耕作地の所有権を認められなかったのである。この措置は、旧仙台藩内でたちまち不穏な空気を生んだ。旧仙台藩には直臣一万人と陪臣二万四〇〇〇人がいたが、陪臣の多くは二〇〇年以上百姓同様に田畑を耕して暮らしてきたのだ。にもかかわらず、百姓には土地所有権を与え陪臣には与えないという新政府の方針に陪臣らは納得しなかった。陪臣の不満は瞬く間に旧領内に満ちあふれた。

なぜ、このようなことになったのか。

新政府は幕藩体制を解体するにあたり、将軍、その直臣である大名・旗本、その家臣の藩士（将軍にとっては陪臣）までを士族とし、その家禄を補償することにした。山岸は士族として家禄を補償されたが、山岸家中は平民とされて、家禄は補償されなかった。家禄は後年「秩禄処分」で処理された。

政府は藩士の家臣（家中・足軽）の土地問題も家禄と同じ論理で処理しようとした。大名の家来の家来（陪臣）は、将軍にとって「家来の家来のそのまた家来」であるから士族とは認めない、したがって家禄と同様、知行についても補償しない、という論理なのだ。政府と直轄県は、藩士の家臣の耕作地は旧仙台藩領もしくは新政府（直轄県）に帰すべきものと見なしたのである。

しかし、燃え上がる陪臣層の不満は無視できず、明治四年（一八七一）、政府は陪臣の救済措置として、陪臣への「部分的譲渡」を認めることにした。

家中一三人、帰農

陪臣に耕作地の所有権を認めるとした政府の決定を受けて、山岸家中一三人は武士（陪臣）身分を捨てて帰農することにしたのだが、そのためには各人の耕作地を確定する必要があった。そこで明治四年一一月、一三人は「水帳」を作成したのであった。

左は『支倉家文書』に残る当時の記録である。

（表紙）明治五年壬申正月改ム
田高畑高田数箇所覚水帳
王政御一新につき天下一統陪臣、帰農に罷り成り候

（表紙裏）伊達中納言藤原政宗公の臣、山岸三河守宗重の末孫、山岸傳三郎利直君まで数代相続きて勤仕す、支倉顕蔵庸忠《つねただ》と相名乗り候ところ、明治元年戊辰春の頃より日々民の乱起きて、伊達家は土地人民を天朝へ返上、而して君臣離散す。依って奉公人前田高を以て、直々帰農す。傍輩一三人一統同様右につき、水帳に顕し置くものなり。

国主
陸奥守藤原慶邦　御高　六二万五六〇〇石余
山岸利直君　御知行高　六一七石六斗九升なり

右臣支倉　知行高　田代　五〇〇文
抱地　四〇〇文
除き屋敷一軒
（二枚目）……（中略）……
（三枚目）……（中略）……
上田　九畝五分　一石三斗八升
中田　七反一畝二歩　九石二斗四升
下田　三反六畝二四歩　四石五升
下々田　二畝一五歩　二斗
（四枚目）合反別　一町一反九畝一六歩
田高　一四石八斗七升
八丁谷地囲みのうち、西谷地砂押
中畑　二畝　七升
田畑合わせて　一四石九斗四升
明治四年辛未《かのとひつじ》一一月改メ

『支倉家文書』

支倉顕蔵らは、もともと農業に従事していたのだから「帰農」というのも変な話であるが、「伊達中納言藤原政宗公ノ臣」から始まる大仰な文章からこの時点でも彼らが武士意識を強く抱いていたことがわかる。しかし、彼らが武士身分を捨てることに躊躇《ちゅうちょ》したとは思えない。本音のところでは土地所有権が認められて大いに安堵したことと思われる。

彼らは土地所有権がどのようなものか、十分に承知していた。そこで、地券発行に備えて、前年一一月、家中一三人でそれぞれ自分の耕作地を書き上げ、互いに確認し合い、「田高畑高田数箇所覚水帳」を作成した。

書き上げられた各人の田畑は、地券発行時に無償譲渡されたと思われる。

一三人は水帳を「どこに」提出したか。自分たちの土地所有権を公認してくれる地租改正の資料と考えれば宮城県の出先（旧広渕代官所）ということになるし、まだ山岸傳三郎との君臣関係が残っていたのなら山岸に提出したとも考えられる。いずれにせよ水帳の提出を以て「帰農」し、山岸との君臣関係は完全に消滅した。

ところで、明治維新の土地制度改革は欧米に倣ったとされるが、幕末には土地の永代売りや地目変更が広く行われるようになり、農民の土地「所持権」が近代的な土地「所有権」と内容的に類似してくるので、地租改正は我が国の実態を追認した側面も大きい。一概に欧米に倣ったとばかりはいえないと考える。

逆の見方をすれば、土地を領有・知行していた大名や武士が新しい土地制度に反対しなかったのは、彼らが実質的に土地の「領主的所有者」ではなくなっていたからである。年貢を質入れする形式を取ったり、地肝入に知行を預ける形式を取ったりしているが、取り戻すあてはまったくなく、手放したも同然だったので、土地制度改革に反対の仕様もなかったのである。

なお、支倉顕蔵らの水帳は地券発行の基礎資料となった。宮城県は全国に先駆けて明治六年（一八七三）六月より地租改正（地券を発行し金納定額地租を課税）に着手し、翌年九月には完了している。

【コラム】明治四年の「水帳」

支倉顕蔵の水帳の水田一区画分を抜き出してみます。

前沼囲みのうち　江崎九一一番
一　中田　一反六畝二八歩
田高　二石二斗
此刈　一五〇刈
田数　一〇枚
一三五束刈ノ書上

寛文七年検地帳と書式が明らかに異なります。
まったく同一の地所ではありませんが、寛文七年検地帳は左のように記載しています。

江崎

中田　　一五間
　　　　二一間　　一反一五歩　一三七文

まず一番の違いは、江崎九一一番と場所が明確に特定されていることです。検地帳では、小字が表示されていても場所を特定するのが困難です。地番をつけたのは明治初年の頃と思われますが、水帳の地番はこのあと朱書きで二度訂正されています。地券発行までこの水帳を基礎資料にして、何度も資料整理した痕跡と思われます。

地積（面積）は基本的に検地帳を踏襲しています。「地押《じおし》調査（実地測量）」が行われたのは明治六年以降です。

田高（生産高）は石高と「刈《かり》」で表示されています。「刈」は仙台領内で古くから用いられた生産高表示で、一刈は二文（二升）です。この記録から、前谷地村では幕末まで農民（百姓や家中）は「刈」で収穫高を把握していたことがわかります。

一刈二升ですから、一五〇刈は三石になるはずですが、二石二斗と表示されています。これは検地帳での田高です（検地帳では「文」で生産高を表示していますが、一文は一升と読み換えます）。明治初年に三石の収穫がある水田が、寛文七年の検地帳では二石二斗と評価されていたのです。

「一三五束刈ノ書上」は、地肝入への書上（年貢の申告）と思われます。すなわち年貢の申告では、収穫高を一三五刈（二石七斗）としました、という意味かと推測します。

なお、支倉顕蔵は、水帳の最後に地積と田高の合計ならびに年貢上納高を左の通り記載しています。

合反別　一町一反九畝一六歩
田高　一四石八斗七升
上納高　三石一斗六升

収穫高（田高）に対する年貢（上納高）の割合は約二一％です。陪臣の田畑の年貢率が平均すると二割程度だったことがわかります。

支倉顕蔵の所持高は、知行五石、抱地四石、合わせて九石が表向きの数字で、実態は一四石八斗七升ですから、約一・七倍の開きがあります。仙台藩の表高六二万石と実高一〇〇万石は一・六倍の開きですから、両者は似たり寄ったりということです。仙台藩の地方知行制では石高把握が緩かったことが、「水帳」からも証明されます。

地租改正と均田制

均田制とは農民に均しく耕地を分け与えることである。均田制は儒教政治の中核的理念であり、仁政徳治の基本である。江戸時代後期、農民層が富裕層と貧困層とに分解し農村の荒廃が進む中で、津藩、肥前藩、水戸藩では強権的に土地の均分化を実施して本百姓再建を図ろうとした。

地租改正では、「実際の耕作者（年貢負担者）」に土地所有権を与えた。家族労働を基本とする農業経営では一家族の人力には限りがあるから、実際の耕作者に土地を再配分すると均田制とほぼ同じ結果になる。戦国時代から江戸時代初期に実施された検地でも、実際の耕作者に（それも大家族ではなく単婚家族に）耕作権を与えたので、一農家当たりの耕地面積が平均化された。第二次世界大戦後の農地改革でも地主から実際の耕作者（小作人）に農地を格安で譲渡させた結果、一農家当たりの耕作面積が一町歩から三町歩の範囲内になり、平均化された。

古代律令国家の班田収授法から始まり、太閤検地、地租改正、大戦後の農地改革と続く我が国の土地政策には、古代中国の均田制の思想が一貫して流れているように思える。

支倉顗蔵、木小屋建築

明治四年三月、支倉顗蔵の「居家普請」の記録である。表題が「居家普請」になっているが、実際に建てたのは「木小屋」だった。

建築の日程と手伝いの人数は左の通り。

三月一六日　山から材木出し方　二六人
同　一七日　山から材木出し方　一九人
一〇月九日　木小屋の建て方　三人

同　一〇日　細工方　　　　　五人
同　一〇日　地形方　　　　　三人
同　一〇日から一三日　萱《かや》刈方　八人（一日に二人）
同　二七日・二八日　萱出し方　一人
同　二七日・二八日　萱駄送方　一二人（一日に六人）
一一月朔日　屋根下拵え方　一人

屋根を茅葺きした月日は未記入であるが、その年の暮れには完成したと思われる。
普請初日（三月一六日）、「材木出し」を手伝ったメンバーを見てみる。

材木出し方　三月一六日
河原　永山廣太　　定川　鈴木忠吉
〃　佐藤巳代松　　〃　鈴木久兵衛
西谷地　日野運四郎　　〃　須藤伊三郎
〃　斎藤源次右衛門　　〃　斎藤蔵之助
〃　西山徳治　　〃　佐々木市左衛門
〃　高橋門蔵　　舟島　伊藤徳五郎
〃　鈴木安次　　〃　佐藤喜助

沖	斎藤幾右衛門	土手畑	はつよ　□□□
定川	日野幸作	西谷地	はつよ
〃	日野嘉太郎	隣り	おうめ
〃	佐々木幸四郎	沖	ふじよ
〃	生出綱吉	東	よしへ
〃	皆川東三郎		

「材木出し」とは、伐採して山で乾燥させていた木を建築現場まで運び出す作業をいう。総勢二六人のうち親子で手伝った人もいたであろうから、家数としては一七、八軒と思われる。顕蔵とともに帰農した一二人は全員、この中に名前があると考えられる。

家の普請は、葬式や婚礼と同様に集落総出で行われたので、この家数が西谷地・定川地区の総数に近いと思われる。幕末時点で山岸家中は臨時任用者を含めて一四人ないし一五人なので、集落の約八割が山岸家中という計算になる。

阿部家、吉田家の名前が見えない。帰農しない道を選択したか、他地区に屋敷を移して帰農したかの、いずれかと思われる。なお支倉顕蔵屋敷は定川にある。

権力の空白期間

明治四年、顕蔵が「普請」を始めた社会背景を考えてみる。

普請を始めたのは、封建的な規制が解かれて、景気がよくなったからだと思われる。顕蔵は明治一二年（一八七九）にも約五〇坪の自宅を新築している。幕末から明治十数年まで前谷地村が活況を呈したことは疑いない。

明治の初期に改廃された主な規制は左の通り。

・米販売が自由になった。

・田畑永代売買の禁止令が解かれた。

・屋敷地と耕作地の所有権が認められた。

居家普請についても、農民は玄関や床の間をつけてはいけない、奥座敷以外畳を敷いてはいけない、天井板を張ってはいけない、門を構えてはいけないなど、「いけない」づくしだった規制が消滅した。

封建的規制が次々に取り払われたことにより人心が一新し、経済活動が活発になったと思われる。しかし、それだけでは家を一軒建築する説明としては不十分であろう。村の生活に則して考えてみる。

普請は集落の共同作業として行われる。手間賃を払うのは、木挽き、大工、細工、屋根葺きだけであった。難題は木材の調達である。顕蔵は山から「材木出し」をしている。山から伐り出したのである。どこの山から伐り出したのか。

江戸時代、農民や陪臣は山林を所持することは許されなかった。したがって、顕蔵らは山岸家中の入会山もしくは藩有林から伐り出したと考えるほかない。

『御用留』に次の記事がある。

一　龍ノ口御預かり杉林、当三月中、焚き火により焼失したので、焼け跡の間数、枯れた杉木の数を調査し村肝入に報告したところ、御郡奉行より如何様の間違いにて御預かり林を焼失させたのかとお咎めがあり、今後同様のことがあっては差し支えるので御預かり方（御林担当役人）に間数と木数を調査して報告するようにと、小野又吉殿より御用前に御達しがあった。
　文化元年（一八〇四）三月　日野皆人　御用前中

右の記事から龍ノ口御林を山岸が管理していたことがわかる。龍ノ口御林は四万三〇〇〇坪の藩有林である。三〇〇〇坪の杉林を伐採して、その半分を売却し、その代金で残り半分の木を建築資材に加工すれば、小さな家一軒は建てられる。四万三〇〇〇坪の藩有林をすべて伐採すれば、十数軒の家が建つ。

山林は当初「上地」の対象から外され、地租改正作業でも後回しになった。したがって明治二年から数年間、山岸が預かっていた「藩有林」（すでに藩は消滅した）が放置されていたと思われる。やがて「藩有林」も上地されると考えた山岸旧家中が、政治権力が空白になった瞬間、大急ぎで伐採した可能性が大きい。顕蔵らは相談の上、「順番に」普請に取りかかったのではないかと推察する。

第二次世界大戦後、空襲で焼け野原となった町でも、引き揚げ者であふれた農山村でも、住宅建築ラッシュが起きて日本中の山が丸裸にされる事態となったが、明治の初めにそれと似た現象が起きたのではないかと考える。

農民と姓

農民は明治になってから姓をつけたのではない。江戸時代からほとんどの農民は姓をもっていたが、公に使用することが許されなかっただけである。古文書に農民の姓が記載されていないことから、農民は姓をもたなかったと誤解している人が今でも少なくない。たしかにわれわれがよく目にする借用証文の貸主・借主に姓がついていないことから、そのような誤解が生じるのであろう。

ところで、借用証文には名主や組頭、大家や家主などの連署を必要とした。つまり借用証文は私文書ではなく、公文書扱いだった。農民が借用証文に姓を記さなかったのは、姓がないからではなく、公文書だからである。年貢減免の願書や人別送り状なども公文書なので、姓を記さなかった。

高等学校教科書『詳説日本史 改訂版 日B309』（山川出版社）では、明治になって四民平等の立場から、平民に苗字を公認したと説明しているが、支倉顕蔵「居家普請」の記録を見る限り、前谷地村では江戸時代にすべての農民が姓を有していたと考えられる。一方、石巻地方で明治以降に姓をつけたという記録を見たことがない。全国的にも、明治以降に姓をつけた「家」は珍しいのではないかと思われる。

現代まで残った契約講

仙台藩の村々には、江戸時代から続く「契約講」と呼ばれる冠婚葬祭のための互助組織があった。

前谷地村河原地区の契約講「六親考（講）」の元文五年（一七四〇）一〇月一八日寄合の記録が現存する。それによれば、契約講の成員は三三人で全員苗字を名乗っていないので、同講は百姓身分の者だけで組織されたと考えられる。一方、西谷地・定川地区の契約講は山岸家中・足軽により組織された。いずれの講も平成二〇年（二〇〇八）頃まで存続した。桃生郡深谷広渕村の契約講「御足軽講」は一六五〇年代に入植した片倉小十郎（白石城主・当時一万三〇〇〇石）の足軽たちによって組織された契約講で、平成一八年（二〇〇六）まで存続した。桃生郡深谷のすべての地区（その数二〇〇以上）に江戸時代から続く契約講があり、ごく最近まで存続した。

江戸時代に主として身分ごとに組織された契約講が明治維新に解体されず現代まで存続したのである。それが可能だったのは、幕末には「百姓」と「陪臣」との身分差が極めて小さくなり、陪臣身分であることが社会的にほとんど無意味となったからであろう。「身分違い」の意識が強ければ、明治維新のときに身分ごとに組織された契約講は解散せざるを得なかったはずであるが、契約講が明治維新に解散した記録は少なくとも桃生郡深谷地区では皆無である。

巨大地主、斎藤家一二代

山岸の金主、前谷地村黒沢の斎藤家は、明治期に急成長し、山形県酒田市の本間家（約三〇〇〇町歩の田地を所有）に次ぐ我が国二番目の巨大地主（約一五〇〇町歩の田地を所有）となった。俗謡に「本間様には及びもせぬが、せめてなりたや殿様に」とうたわれた本間家が四万石、斎藤家が二万石の大名に匹敵した。

斎藤家一二代は左の通りである。

初代　善九郎　　前谷地村中埣《なかぞね》一本杉より黒沢に移住

二代　善兵衛　享保九年（一七二四）没　二六歳
三代　善次兵衛　酒造業を始める　元文三年（一七三八）没
寛政二年（一七九〇）没　八二歳
四代　善次右衛門　寛政の大一揆のとき仮大肝入に任命され、その後正式に大肝入に就任
仮大肝入持高四貫五六五文
大肝入就任（一八〇三年頃）以後、斎藤姓を名乗る
文化一四年（一八一七）没　八〇歳
五代　周右衛門　天保四年（一八三三）没　七一歳
六代　善右衛門　永代大肝入格（郷士格）を与えられる
文久三年（一八六三）没　八一歳
七代　善次右衛門　大番士に取り立てられ、伊達家の正式な家臣となる
八代　善次右衛門　安政四年（一八五七）一〇月、藩に一〇五〇両献金　一七貫七〇〇文の加増を受ける
知行高二一貫八七五文
戊辰戦争に家僕六名を従えて参戦
慶應四年（一八六八）五月二日、白河口の戦いで戦死　四二歳
九代　善右衛門　地元農民への貸付を通じて一五〇〇町歩を所有する巨大地主に成長
財団法人斎藤報恩会を設立
大正一四年（一九二五）没　七三歳

一〇代　善次右衛門　前谷地事件など多数の小作争議を惹起
　　　　　昭和二五年（一九五〇）没
一一代　養之助　戦後の農地改革で土地を買収される　斎藤報恩会理事長
一二代　温次郎　前谷地村生まれ　斎藤報恩会理事長

斎藤家の祖は前谷地村の御百姓である。それ故、儒教道徳や武士の倫理から自由だったことが幸いしたと思われる。二代目善兵衛が酒造業で成功し財を築いたが、武士身分であったならば商売人にはならなかったであろう。

『御用留』に登場する四代目善次右衛門については、堀口村知行三貫文を不作引きなしで附け地にした記録で解説した。彼の思考は、「近代的な契約」そのものである。両者が合意して「契約」が成立した以上、不作であろうと家族が病気になろうと何があろうと契約を履行する義務がある、というのが彼の主張である。時代の一歩先を歩んでいたと評価することができる。

幕末にかけて、六代目、七代目、八代目は献金によって身分を上昇させていく。注目すべきは、八代目が知行高二一貫文余となったことである。藩が蔵入地や他の給人の知行を善次右衛門に与えることは考えにくいので、八代目善次右衛門の知行とされたのは、彼が借金を返せない百姓や家中から取り上げた土地だと思われる。そのようにして集積した土地を藩が知行と認定したのであろう。だとすれば、幕末期には半ば公然と土地が売り買いされ、藩もその事実を認めていたことになる。

九代目善右衛門は一五歳で明治を迎えた。彼は戊辰戦争で父を亡くし、しばらくの間は後見人に実権を握られていたが、後見人が隠居し、二五歳で実権を握った後、自作農と酒造業を止めて、地元小農民への貸付業に専念した。さらに不動産管理会社を買収して巨大地主にのし上がった。彼は、いち早く株式会社組織をつくり、とかく陥りやすい義理人情を経営から排除した。斎藤報恩会をつくり文化財の収集・保存に努める一方、宮城県図書館や東北帝国大学に多額の寄附をするなど篤志家でもあった。

一〇代目善次右衛門は、大正から昭和初期にかけて高揚した農民運動を徹底的に弾圧した。昭和三年（一九二八）に起きた小作争議「前谷地事件」は、いまでも地元で語り継がれている。村人のひとりは、「死後も斎藤善次右衛門をにらみつけていたいから篦嶽山に葬ってくれ」と遺言し、篦嶽山中腹に埋葬された。

前谷地村の巨大地主斎藤家の歴代当主は仙台や石巻では文化人として尊敬されているが、前谷地では小作人に対して仮借なき弾圧を加えた地主として今でも評判が悪い。

あとがき

宮城県涌谷町文化財保護委員長櫻井伸孝氏の紹介状を持参して、仙台の斎藤報恩会を訪ねたのは一五年も前のことである。理事長の斎藤温次郎氏にお目にかかることができ、互いに前谷地村生まれということで話が弾んだ。その日、理事長のご好意で、『山岸氏御用留』『桃生郡深谷前谷地村御検地帳』『表百姓附高名附牒』『前谷地村除キ屋鋪拝領軒数覚牒』『龍神社参詣道御境付帳』ほか、前谷地村とその周辺の村々の古文書を大量にデジタルカメラで撮影させていただいた。ところが肝心の『山岸氏御用留』には、まったく歯が立たなかった。正直なところ一行も読めなかった。

二〇〇九年三月一六日、櫻井伸孝氏から『山岸氏御用留』五〇枚分の解読文が届いた。勇気一〇〇倍であった。五〇枚の援護射撃がなければ、この本は誕生しなかった。

山岸家臣が本来的には農民であると気づくまでに一〇年を要した。「知行」「改易」「加増」などの言葉に惑わされ、山岸家臣を武士と思い込んでいるうちは、中味がちんぷんかんぷんであった。彼らは法制的には武士身分とされていても、社会的存在としては農民であった。

身分の問題は奥が深い。法制的にも単純ではないし、身分「意識」となると手も足も出ないが、身分のことで一つだけ付け加えておきたい。

山岸の家臣団は常時一二人前後であったが、彼らが主家を離れたらどうなるのか。すなわち陪臣の「浪人」身分をどう扱ったのかという問題である。

この問題について、仙台藩では元文三年と四年（一七三八・三九）に、村肝入に対して、浪人の人別改帳を百姓の人別改帳とは別に「士」と「凡下」に分けて作成するように指示している。つまり、陪臣は浪人になっても「凡下」という枠内で武士身分の本来の構成員としてその地位を保証されたのである。したがって、百姓身分の者が給人に献金して一度家中身分に身上がりすると、その後「御奉公」を辞めても武士身分を失わなかった。それだから明治を迎える頃には、前谷地村の誰も彼もが公に姓を名乗っていたのである。おそらく、幕末には献金して家中身分を買わなくても、姓を名乗ることが黙認されるようになったのではないかと思われる。

石巻市前谷地在住の幼友たちからたくさんのご協力をいただいた。

大規模農業を営む鈴木博雄氏には、米、麦、大豆の栽培方法、単位面積当たりの生産量、価格、農産物の貿易自由化問題などのほか、大規模農業がもたらす農村の変貌についても教えていただいた。

西山輝夫氏には同家の位牌と墓石の調査にご協力いただいた。その折、草むら深くに隠れていた西山多仲と西山清右衛門の墓石ならびに西山家先祖の供養碑を「発見」できたのは、大収穫であった。

日野安子氏と菅原貫充氏にも現地聞き取り調査にご協力いただいた。

これらの方々に深く感謝申し上げる。

『御用留』と『支倉家文書』の解読文作成は清が担当した。『桃生郡深谷前谷地村御検地帳』と『表百姓附高名附牒』の解読文作成と数字の集計ならびに分析は紀代美が担当した。また『前谷地村除キ屋鋪拝領軒数覚牒』から各屋敷図をトレースして、その配置を復元する作業も紀代美が担当した。

すべての資料についてふたりで読み合わせて解釈をつけた。

前著『下級武士の田舎暮らし日記』に引き続き、築地書館の黒田智美さんに編集していただいた。「編集」というより「共同著述」と呼んだほうがふさわしいほど、お世話になった。記して感謝したい。

参考文献

地方史

仙台郷土研究会『仙台藩歴史用語辞典：特集』仙台郷土研究会　二〇一〇年
宮城縣史編纂委員会編『宮城縣史2』宮城縣史刊行會　一九六六年
石巻市史編さん委員会編『石巻の歴史　第2巻　通史編（下の1）』石巻市　一九九八年
石巻市史編さん委員会編『石巻の歴史　第2巻　通史編（下の2）』石巻市　一九九八年
石巻市史編さん委員会編『石巻の歴史　第5巻　産業・交通編』石巻市　一九九六年
石巻市史編さん委員会編『石巻の歴史　第6巻　特別史編』石巻市　一九九二年
石巻市史編さん委員会編『石巻の歴史　第9巻　資料編3　近世編』石巻市　一九九〇年
矢本町史編纂委員会編『矢本町史　第二巻』矢本町　一九七四年
河南町誌編纂委員会編『河南町誌　上』河南町　一九六七年
河南町誌編纂委員会編『河南町誌　下』河南町　一九七一年
河南町文化財保護委員会編『わがまち河南の文化財』河南町文化財保護委員会　一九八六年
志波姫町史編纂委員会編『志波姫町史』志波姫町　一九七六年
涌谷町史編纂委員会編『涌谷町史　上巻』涌谷町　一九六五年
涌谷町史編纂委員会編『涌谷町史　下巻』涌谷町　一九六八年

渡辺信夫・今泉隆雄・大石直正・難波信雄『宮城県の歴史 歴史シリーズ4』山川出版社 一九九九年
荒武賢一朗・野本禎司・藤方博之編『古文書が語る東北の江戸時代』吉川弘文館 二〇二〇年
J・F・モリス『150石の領主』大崎八幡宮 二〇一〇年
櫻井伸孝「前谷地支倉氏の出自について」『涌谷町文化財友の会会報 10号』二〇〇九年
櫻井伸孝「『天保の飢饉』を生きた人びと」『涌谷町文化財友の会会報 13号』二〇一二年
涌谷こもんの会編『花井日誌』涌谷こもんの会 一九九五年
米倉辰治郎『みやぎ草の根運動の群像』社会運動研究会 一九八四年
佐藤勝義『北上川流域の学べる年表』仙台共同印刷 二〇一五年

その他

平井上総『兵農分離はあったのか』平凡社 二〇一七年
平井上総「検地と知行制」『岩波講座 日本歴史〈第9巻〉中世4』岩波書店 二〇一五年
牧原成征「兵農分離と石高制」『岩波講座 日本歴史〈第10巻〉近世1』岩波書店 二〇一四年
菊池勇夫「飢餓と災害」『岩波講座 日本歴史 第12巻』岩波書店 二〇一四年
田中圭一『百姓の江戸時代』筑摩書房 二〇〇〇年
深谷克己『江戸時代の身分願望：身上りと上下無し』吉川弘文館 二〇〇六年
J・F・モリス『近世日本知行制の研究』清文堂出版 一九八八年
J・F・モリス・白川部達夫・高野信治編『近世社会と知行制』思文閣出版 一九九九年
渡辺尚志・五味文彦編『土地所有史：新体系日本史3』山川出版社 二〇〇二年
東北学院大学文学部歴史学科編『大学で学ぶ東北の歴史』吉川弘文館 二〇二〇年
渡辺尚志『百姓たちの江戸時代』筑摩書房 二〇〇九年
渡辺尚志『百姓たちの幕末維新』草思社 二〇一二年
渡辺尚志『武士に「もの言う」百姓たち：裁判でよむ江戸時代』草思社 二〇一二年

渡辺尚志『日本近世村落論』岩波書店　二〇二〇年
笹山晴生・佐藤信・五味文彦・高埜利彦『詳説日本史 改訂版 日Ｂ３０９』山川出版社　二〇一七年
市川寛明・石山秀和『図説 江戸の学び』河出書房新社　二〇〇六年
支倉清・支倉紀代美『下級武士の田舎暮らし日記：奉公・金策・獣害対策』築地書館　二〇一九年

著者紹介

支倉清（はせくら・きよし）

宮城県石巻市（旧河南町前谷地）の支倉家に生まれる。元東京都公立小学校長。

宮城県前谷地の支倉家と、伊達政宗が派遣した慶長遣欧使節の大使・支倉常長とがどのようにつながるのか、長年研究を続けている。支倉紀代美との共著書に『代官の判決をひっくり返した百姓たち——仙台藩入会地紛争』『下級武士の田舎暮らし日記——奉公・金策・獣害対策』（ともに築地書館）がある。

支倉紀代美（はせくら・きよみ）

宮城県東松島市に生まれ、石巻市前谷地で小学校・中学校・高等学校時代を過ごす。

元神奈川県公立小学校教諭。

幼少期より、実父・本田雅童より習字の手習いを受ける。その後、日本書学館の初山祥雲に師事し、本格的に「書」を学ぶ。

家中・足軽の幕末変革記

飢饉・金策・家柄重視と能力主義

2021年10月27日　初版発行

著者　支倉清＋支倉紀代美
発行者　土井二郎
発行所　築地書館株式会社
東京都中央区築地7-4-4-201　〒104-0045
TEL 03-3542-3731　FAX 03-3541-5799
http://www.tsukiji-shokan.co.jp/
振替 00110-5-19057
印刷・製本　中央精版印刷株式会社
装丁・作図　秋山香代子

　ISBN978-4-8067-1625-9